Autores varios

Reglamento del registro mercantil español

Barcelona 2024
Linkgua-ediciones.com

Créditos

Título original: Reglamento del registro mercantil español.

e-mail: info@linkgua.com

Diseño de cubierta: Michel Mallard.

ISBN tapa dura: 978-84-1126-492-1.
ISBN ebook: 978-84-9953-423-7.

Sumario

Exposición de motivos:

1. La Ley 2/1995, de 23 de marzo, de Sociedades de Responsabilidad Limitada, pretende ofrecer, como dice su Exposición de Motivos, un marco jurídico adecuado para esta forma social que exima de introducir la previsión de un derecho supletorio aplicable, cuya inutilidad e insuficiencia habían sido reiteradamente denunciados bajo la vigencia del derecho anterior, sin que ello obste a que el texto legal reproduzca o mejore determinados preceptos de la Ley de Sociedades Anónimas o contenga remisiones concretas al texto de la misma.

Desde esta perspectiva, deja de tener valor lo dispuesto en el artículo 177 del Reglamento del Registro Mercantil, hasta ahora vigente, que prevé como supletorias de las escasas normas que dicho Reglamento dedica a la inscripción de las sociedades de responsabilidad limitada, las de la sociedad anónima en cuanto lo permita su específica naturaleza. Se impone, pues, regular de un modo autónomo y completo la inscripción en el Registro Mercantil de las sociedades de responsabilidad limitada. Esta nueva regulación constituye el núcleo de la reforma que ahora se acomete y que está constituida por el Capítulo V del Título II, que se ha redactado ex novo, siguiendo la técnica consagrada en el actual Reglamento, respecto de los actos inscribibles y de las circunstancias que han de contener las escrituras públicas y los demás documentos que han de servir de título para la inscripción.

La estructura del Reglamento, que contiene diversos Capítulos en el Título II, aplicables a todo tipo de sociedades, como son: el III, dedicado a la inscripción de las sociedades en general; el VII, a la transformación, fusión y escisión, y el VIII, a la disolución, liquidación y cancelación de sociedades, demanda las necesarias reformas en varias disposiciones de dichos capítulos, que vienen impuestas por el contenido de la nueva legislación sobre sociedades de responsabilidad limitada en cuanto afectan a estas normas reglamentarias que, por su carácter, son de aplicación general a las diversas formas de sociedad.

A lo anterior se une, por una parte, la introducción en nuestro Ordenamiento jurídico de la novedosa figura de la sociedad unipersonal, referida tanto a las sociedades de responsabilidad limitada como a las anónimas, y, de otra parte, las diversas normas contenidas en las disposiciones adicionales de la Ley, de las que cabe destacar el cierre del Registro, que se impone como consecuencia del incumplimiento de la obligación de depositar las cuentas anuales a las sociedades obligadas a ello, o la prohibición de emitir obligaciones u otros valores negociables, agrupados en emisiones, a las sociedades que no sean anónimas, así como a los comerciantes individuales y a las personas físicas.

Estas instituciones requieren habilitar las normas reglamentarias oportunas, aplicables tanto para que tengan acceso a los libros del Registro el contenido de las creadas ahora por primera vez, como para evitar su ingreso en ellos de las recientemente prohibidas, así como para aplicar adecuadamente la norma que supone el cierre temporal en los casos previstos.

Por último, de acuerdo con la disposición transitoria vigésima octava del Reglamento, se ha considerado conveniente introducir reformas concretas en aquellas materias en las que la experiencia de más de cinco años de vigencia del actual Reglamento exigían algún perfeccionamiento de técnica registral o documental o de aplicación informática. En esta dirección van encaminadas las reformas introducidas en los Títulos Preliminar, I, III y IV. Respecto a las de técnica registral cabe destacar las referidas a la documentación extranjera, al traslado de los asientos registrales a otro Registro como consecuencia del cambio de domicilio de la sociedad, a la concreción de los libros propios del Registro y a la agilización de la alzada en el recurso gubernativo. En cuanto a las de técnica documental hay que señalar las precisiones sobre el acta notarial de Junta, sobre la facultad certificante, sobre el nombramiento de suplentes de los administradores y sobre el modo de depositar las cuentas anuales de las sociedades.

En el mismo sentido se han realizado determinadas modificaciones con respecto al Registro Mercantil Central en cuanto al modo de publicidad, a la aplicación informática y a las consecuencias derivadas de la publicación de leyes sustantivas que pueden afectar a los datos de su contenido.

2. El Reglamento que ahora se deroga, cuyos positivos efectos se han dejado sentir en la práctica societaria española, abarcaba en su regulación todos los actos que debían tener acceso al Registro Mercantil, y todas las circunstancias que éstos debían contener para que dicho acceso se produjera, así como las que requería cada tipo de documento que había de servir de título a la inscripción.

A esta amplitud de concepción se añadía la intensidad de su práctica por los juristas y otros operadores del derecho y de la empresa como consecuencia de la adopción de las reformas introducidas en la Ley 19/1989, de 25 de julio, de reforma parcial y adaptación de la legislación mercantil a las Directivas de la Comunidad Económica Europea (CEE) en materia de sociedades, así como la extensión de los estudios que sus preceptos han motivado. Por todo ello, hay que considerarlo como un texto normativo recibido por la sociedad cuya configuración y estructura se han mantenido en el presente, en sus Libros, Capítulos y Secciones, con la excepción del indicado Capítulo V del Título II, que al abordar una disciplina nueva ha obligado a introducir las diversas secciones que requería la materia que era objeto de regulación y asimismo la Sección V del Capítulo III del Título III, relativo al cierre del Registro por la misma causa. No obstante lo anterior, ha parecido más conveniente por razones prácticas aprobar un nuevo texto en el que se incluyen, junto a la mayor parte del antiguo que se mantiene, las novedades que la reciente legislación y la experiencia de la aplicación del hasta ahora vigente demandaban.

De acuerdo con lo anterior, se ha procurado conservar, en el Reglamento que ahora se aprueba, la numeración de los artículos del que se deroga, pero solamente se ha podido conseguir hasta el número 173. El aumento del número de artículos que componen el Capítulo V del Título II, treinta y cuatro frente a los cuatro actualmente existentes, ha impuesto la necesidad de variar la numeración de los restantes a partir del referido Capítulo. A ello se suma la introducción de algunos otros de nuevo contenido que la experiencia aconsejaba.

3. Los **artículos** que incorporan novedades normativas, son los siguientes: el 174, que regula la inscripción de la unipersonalidad sobrevenida en sociedades anónimas; los **artículos** 175 a 208, que componen el **Capítulo** V del **Título** II, y que se ocupan de la inscripción de los diferentes actos referentes a las sociedades de responsabilidad limitada; el 218 y el 222, que disciplinan respectivamente la transformación de sociedad civil o cooperativa en sociedad limitada y de ésta en aquéllas; el 242, que trata de la reactivación de la sociedad disuelta; el 246, que tiene como materia la cesión global del activo y del pasivo de las sociedades en situación de liquidación; el 248, que se refiere a los activos sobrevenidos en sociedades en igual situación de liquidación, y el 378, que acomete la problemática del cierre del Registro impuesto como sanción por el incumplimiento del depósito de cuentas por las sociedades obligadas a ello.

Los **artículos** en que se ha modificado su contenido, sin variar la numeración que les correspondía en el Reglamento derogado, son los siguientes: 5, 11, 12, 13, 19, 20, 21, 23, 27, 28, 29, 30, 33, 38, 40, 42, 43, 70, 71, 72, 76, 78, 81, 87, 94, 95, 96, 97, 98, 99, 100, 101, 102, 103, 104, 105, 111, 112, 114, 115, 117, 120, 122, 123, 124, 132, 133, 141, 142, 143, 144, 145, 146, 147, 149, 153, 154 y 158

Los **artículos** que han sufrido variación en su numeración, respecto a la que tenían en el Reglamento derogado, son los que a continuación se expresan, en cuya relación se indica inicialmente el número actual y entre paréntesis el que en la anterior norma les correspondía: 209 (178), 210 (179), 211 (180), 212 (181), 213 (182), 214 (183), 215 (184), 216 (185), 217 (186), 217 (186), 219 (187), 220 (188), 221 (189), 223 (190), 224 (191), 225 (192), 226 (193), 227 (194), 228 (195), 229 (196), 230 (197), 231 (198), 232 (199), 233 (200), 234 (201), 235 (202), 236 (203), 237 (204), 238 (205), 239 (206), 240 (207), 241 (208), 243 (209), 244 (210), 245 (211), 247 (212), 249 (213), 250 (214), 251 (215), 252 (216), 253 (217), 254 (218), 255 (219), 256 (220), 257 (221), 258 (222), 259 (223), 260 (224), 261 (225), 262 (226), 263 (227), 264 (228), 265 (229), 266 (230), 267 (231), 268 (232), 269 (233), 270 (234), 231 (235), 272 (236), 273 (237), 274 (238), 275 (239), 276 (240), 277 (241), 278 (242), 279 (243), 280 (244), 281 (245), 282 (246), 283 (247), 284 (248), 285 (249), 286 (250), 287 (251), 288 (252), 289 (253), 290 (254), 291 (255), 292 (256), 293 (257), 294 (258), 295 (259), 296 (260), 281 (261), 298 (262), 299 (263), 300 (264), 301 (265), 302 (266), 303 (267), 304 (268), 305 (269), 306 (270), 307 (271), 308 (272), 309 (273), 310 (274), 311 (275), 312 (276), 313

(277), 314 (278), 315 (279), 316 (280), 317 (281), 318 (282), 319 (283), 320 (284), 321 (285), 322 (286), 323 (287), 324 (288), 325 (289), 326 (290), 327 (291), 328 (292), 329 (393), 330 (294), 331 (295), 332 (296), 333 (297), 334 (298), 335 (299), 336 (300), 337 (301), 338 (302), 339 (303), 340 (304), 341 (305), 342 (306), 343 (307), 344 (308), 345 (309), 346 (310), 347 (311), 348 (312), 349 (313), 350 (314), 351 (315), 352 (316), 353 (317), 354 (318), 355 (319), 356 (320), 357 (321), 358 (322), 359 (323), 360 (324), 361 (325), 362 (326), 363 (327), 364 (328), 365 (329), 366 (330), 367 (331), 368 (332), 369 (333), 370 (334), 371 (335), 372 (336), 373 (337), 374 (338), 375 (339), 376 (340), 377 (341 y 342), 379 (343), 380 (344), 381 (345), 382 (346), 383 (347), 384 (349), 385 (350), 386 (351), 387 (352), 388 (353), 389 (354), 390 (355), 391 (356), 392 (357), 393 (358), 394 (359), 395 (360), 396 (361), 397 (362), 398 (363), 399 (364), 400 (365), 401 (366), 402 (367), 403 (368), 404 (369), 405 (370), 406 (371), 407 (372), 408 (373), 409 (374), 410 (375), 411 (376), 412 (377), 413 (378), 414 (379), 415 (380), 416 (381), 417 (382), 418 (383), 419 (384), 420 (385), 421 (386), 422 (387), 423 (388), 424 (389), 425 (390), 426 (391), 427 (392) y 428 (393). Como consecuencia de la variación de la numeración, se ha cambiado también la numeración en las remisiones que dichos **artículos** efectuaban a otros del Reglamento.

De esta última relación han sido modificados, en cuanto a su contenido, los siguientes que se indican con su numeración actual: 209, 211, 212, 216, 217, 219, 220, 221, 224, 225, 227, 228, 230, 238, 240, 243, 245, 247, 261, 270, 277, 280, 284, 287, 290, 292, 293, 307, 326, 333, 336, 338, 351, 354, 359, 361, 363, 366, 367, 368, 369, 370, 371, 377, 381, 382, 386, 387, 388, 394, 400, 403, 406, 408, 409, 413, 417, 421, 425 y 426

En su virtud, a propuesta de la Ministra de Justicia, de acuerdo con el Consejo de Estado y previa deliberación del Consejo de Ministros en su reunión del día 19 de julio de 1996, dispongo:

Artículo Único. Aprobación del Reglamento

Se aprueba el Reglamento del Registro Mercantil adjunto

Disposición derogatoria única. Derogación normativa

Se deroga el Real Decreto 1597/1989, de 29 de diciembre, por el que se aprobó el Reglamento del Registro Mercantil

Disposición final única. Entrada en vigor

El presente Real Decreto y el Reglamento del Registro Mercantil adjunto entrará en vigor el día siguiente al de su publicación en el Boletín Oficial del Estado

Dado en Madrid a 19 de julio de 1996

Juan Carlos R.

Real Decreto 1784/1996, de 19 de julio, por el que se aprueba el Reglamento del Registro Mercantil

Título preliminar. Del Registro Mercantil en general

Artículo 1. Organización registral.

1. La organización del Registro Mercantil, integrada por los Registros Mercantiles territoriales y por el Registro Mercantil Central, se halla bajo la dependencia del Ministerio de Justicia.

2. Todos los asuntos relativos al Registro Mercantil estarán encomendados a la Dirección General de los Registros y del Notariado.

Artículo 2. Objeto del Registro Mercantil.

El Registro Mercantil tiene por objeto:

1. La inscripción de los empresarios y demás sujetos establecidos por la Ley, y de los actos y contratos relativos a los mismos que determinen la Ley y este Reglamento.

2. La legalización de los libros de los empresarios, el nombramiento de expertos independientes y de auditores de cuentas y el depósito y publicidad de los documentos contables.

3. La centralización y publicación de la información registral, que será llevada a cabo por el Registro Mercantil Central en los términos prevenidos por este Reglamento.

4. Añadido por Real Decreto 685/2005, de 10 de junio. La centralización y la publicación de la información de resoluciones concursales en la forma prevista en el Real Decreto 685/2005, de 10 de junio.

Artículo 3. Hoja personal.

El Registro Mercantil se llevará por el sistema de hoja personal.

Artículo 4. Obligatoriedad de la inscripción.
1. La inscripción en el Registro Mercantil tendrá carácter obligatorio, salvo en los casos en que expresamente se disponga lo contrario.

2. La falta de inscripción no podrá ser invocada por quien esté obligado a procurarla.

Artículo 5. Titulación pública.
1. La inscripción en el Registro Mercantil se practicará en virtud de documento público.

2. La inscripción solo podrá practicarse en virtud de documento privado en los casos expresamente prevenidos en las Leyes y en este Reglamento.

3. En caso de documentos extranjeros, se estará a lo establecido por la legislación hipotecaria. También podrá acreditarse la existencia y válida constitución de empresarios inscritos, así como la vigencia del cargo y la suficiencia de las facultades de quienes los representan, mediante certificación, debidamente apostillada o legalizada, expedida por el funcionario competente del Registro público a que se refiere la Directiva del Consejo 68/151/CEE o de oficina similar en países respecto de los cuales no exista equivalencia institucional.

Artículo 6. Legalidad.
Los Registradores calificarán bajo su responsabilidad la legalidad de las formas extrínsecas de los documentos de toda clase en cuya virtud se solicita la inscripción, así como la capacidad y legitimación de los que los otorguen o suscriban y la validez de su contenido, por lo que resulta de ellos y de los asientos del Registro.

Artículo 7. Legitimación.

1. El contenido del Registro se presume exacto y válido. Los asientos del Registro están bajo la salvaguarda de los Tribunales y producirán sus efectos mientras no se inscriba la declaración judicial de su inexactitud o nulidad.

2. La inscripción no convalida los actos y contratos que sean nulos con arreglo a las Leyes.

Artículo 8. Fe pública.
La declaración de inexactitud o nulidad de los asientos del Registro Mercantil no perjudicará los derechos de terceros de buena fe adquiridos conforme a Derecho.
Se entenderán adquiridos conforme a Derecho los derechos que se adquieran en virtud de acto o contrato que resulte válido con arreglo al contenido del Registro.

Artículo 9. Oponibilidad.
1. Los actos sujetos a inscripción solo serán oponibles a terceros de buena fe desde su publicación en el Boletín Oficial del Registro Mercantil. Quedan a salvo los efectos propios de la inscripción.

2. Cuando se trate de operaciones realizadas dentro de los quince días siguientes a la publicación, los actos inscritos y publicados no serán oponibles a terceros que prueben que no pudieron conocerlos.

3. En caso de discordancia entre el contenido de la publicación y el contenido de la inscripción, los terceros de buena fe podrán invocar la publicación si les fuere favorable.
Quienes hayan ocasionado la discordancia estarán obligados a resarcir al perjudicado.

4. La buena fe del tercero se presume en tanto no se pruebe que conocía el acto sujeto a inscripción y no inscrito, el acto inscrito y no publicado o la discordancia entre la publicación y la inscripción.

Artículo 10. Prioridad.

1. Inscrito o anotado preventivamente en el Registro Mercantil cualquier título, no podrá inscribirse o anotarse ningún otro de igual o anterior fecha que resulte opuesto o incompatible con él.

Si solo se hubiera extendido el asiento de presentación, tampoco podrá inscribirse o anotarse durante su vigencia ningún otro título de la clase antes expresada.

2. El documento que acceda primeramente al Registro será preferente sobre los que accedan con posterioridad, debiendo el Registrador practicar las operaciones registrales correspondientes según el orden de presentación.

Artículo 11. Tracto sucesivo.

1. Para inscribir actos o contratos relativos a un sujeto inscribible será precisa la previa inscripción del sujeto.

2. Para inscribir actos o contratos modificativos o extintivos de otros otorgados con anterioridad será precisa la previa inscripción de éstos.

3. Para inscribir actos o contratos otorgados por apoderados o administradores será precisa la previa inscripción de éstos.

Artículo 12. Publicidad formal. Redactado de conformidad con el Real Decreto 1867/1998, de 4 de septiembre. Texto resultante tras la publicación de la Sentencia de 24 de febrero de 2000, de la Sala Tercera del Tribunal Supremo.

1. El Registro Mercantil es público y corresponde al Registrador Mercantil el tratamiento profesional del contenido de los asientos registrales, de modo que se haga efectiva su publicidad directa y se garantice, al mismo tiempo, la imposibilidad de su manipulación o televaciado.

2. La publicidad se realizará mediante certificación o por medio de nota informativa de todos o alguno de los datos contenidos en el asiento respectivo, en la forma que determine el Registrador.

3. Los Registradores Mercantiles calificarán, bajo su responsabilidad, el cumplimiento de las normas vigentes en las solicitudes de publicidad en masa o que afecten a los datos personales reseñados en los asientos.

Título I. De la organización y funcionamiento del Registro Mercantil

Capítulo I. Disposiciones generales

Artículo 13. Registradores Mercantiles.

1. Los Registros Mercantiles estarán a cargo de los Registradores de la Propiedad y Mercantiles.

2. El nombramiento de los Registradores Mercantiles se hará por el Ministro de Justicia y, en su caso, por la Autoridad Autonómica competente, y recaerá en el Registrador a quien corresponda en concurso celebrado conforme a las normas de la legislación hipotecaria.

3. El estatuto jurídico de los Registradores Mercantiles será el mismo que el de los Registradores de la Propiedad, sin más especialidades que las establecidas por la Ley y por este Reglamento.

Artículo 14. Número de Registradores.

1. El número de Registradores que estarán a cargo de cada Registro Mercantil se determinará mediante Real Decreto, a propuesta del Ministro de Justicia.

2. Si se acordase el incremento del número de Registradores que hayan de servir un mismo Registro, los que ya estuvieren a cargo de él podrán tomar parte en concurso de provisión de vacantes, aunque no haya transcurrido el plazo previsto en la legislación hipotecaria.

3. Si se acordase la disminución del número de Registradores, ésta solo podrá hacerse efectiva a medida que se vayan produciendo las vacantes.

Artículo 15. Registro con pluralidad de titulares.

1. Si un Registro Mercantil estuviese a cargo de dos o más Registradores, llevarán el despacho de los documentos con arreglo al convenio de distribución de materias o sectores que acuerden.

El convenio y sus modificaciones posteriores deberán ser sometidos a la aprobación de la Dirección General de los Registros y del Notariado.

2. Siempre que el Registrador a quien corresponda la calificación de un documento apreciare defectos que impidan practicar la operación solicitada, los pondrá en conocimiento del cotitular o cotitulares del mismo sector, a quienes pasará la documentación. El que entendiere que la operación es procedente, la practicará bajo su responsabilidad.

3. El Registrador que calificare un documento conocerá de todas las incidencias que se produzcan hasta la terminación del procedimiento registral.

Artículo 16. Capitalidad y circunscripción de los Registros.

1. Redacción según Real Decreto 172/2007, de 9 de febrero. Los Registros Mercantiles estarán establecidos en todas las capitales de provincia y, además, en las ciudades de Ceuta, Melilla, Eivissa, Maó, Arrecife, Puerto del Rosario, Santa Cruz de la Palma, San Sebastián de la Gomera, Valverde y Santiago de Compostela.

2. La circunscripción de cada Registro Mercantil se extenderá al territorio de la provincia a que corresponda.

Se exceptúan los Registros cuyas circunscripciones territoriales se definen a continuación:

1. Los de Ceuta y Melilla, cuya circunscripción coincidirá con los respectivos términos municipales.
2. La circunscripción del Registro Mercantil de Ibiza se extiende al territorio de las islas de Ibiza y Formentera.
3. La circunscripción del Registro Mercantil de Las Palmas se extiende al territorio de la Isla de Gran Canaria.
4. La circunscripción del Registro Mercantil de Mahón se extiende al territorio de la isla de Menorca.
5. La circunscripción del Registro Mercantil de Palma de Mallorca se extiende al territorio de las islas de Mallorca, Cabrera, Conejera, Dragonera e islas adyacentes.
6. La circunscripción del Registro Mercantil de Puerto de Arrecife se extiende al territorio de las islas de Lanzarote, Graciosa, Alegranza, Montaña Clara, Roque del Este y Roque del Oeste.
7. La circunscripción del Registro Mercantil de Puerto del Rosario se extiende al territorio de las islas de Fuerteventura y Lobos.
8. La circunscripción del Registro Mercantil de Santa Cruz de la Palma se extiende al territorio de la isla de La Palma.
9. La circunscripción del Registro Mercantil de Santa Cruz de Tenerife se extiende al territorio de la isla de Tenerife.
10. La circunscripción del Registro Mercantil de San Sebastián de la Gomera se extiende al territorio de la isla de la Gomera.
11. La circunscripción del Registro Mercantil de Valverde se extiende al territorio de la isla del Hierro.
12. Añadido por Real Decreto 172/2007, de 9 de febrero. La circunscripción del Registro Mercantil de Santiago de Compostela se extiende al territorio de los municipios de Ames, Arzúa, A Baña, Boimorto, Boiro, Boqueixón, Brión, Carnota, Dodro, Lousame, Mazaricos, Mellide, Muros, Negreira, Nola, Outes, Padrón, O Pino, A Pobra do Caramiñal, Porto do Son, Rianxo, Ribeira, Rois, Santa Comba, Santiso, Santiago de Compostela, Sobrado, Teo, Toques, Touro, Vedra y Vilasantar.

3. Cuando por necesidades del servicio haya de crearse un Registro Mercantil en población distinta de capital de provincia, se hará mediante Real Decreto a propuesta del Ministro de Justicia, previa audiencia del Consejo de Estado y con informe de la Comunidad autónoma afectada. En este caso, será de aplicación lo dispuesto en el apartado 2 del artículo 14.

4. Añadido por Real Decreto 172/2007, de 9 de febrero. Por razones del servicio el Ministro de Justicia, a propuesta de la Dirección general de los Registros y del Notariado, podrá acordar que el registrador mercantil provincial proceda a la instalación, en el término municipal que se señale, de una oficina abierta al público en la que se puedan efectuar por los usuarios del Registro Mercantil presentaciones y retiradas de toda clase de documentos, obtención de publicidad formal y todas las demás operaciones que puedan hacerse en la oficina del Registro Mercantil de la capital de la provincia, con la que estará telemáticamente conectada en la forma determinada por la propia Dirección General.

Artículo 17. Competencia registral.

1. La inscripción se practicará en el Registro correspondiente al domicilio del sujeto inscribible.

2. El mismo criterio se aplicará para la determinación del Registro que haya de encargarse de la legalización de los libros de los empresarios, del nombramiento de expertos independientes y auditores, del depósito de los documentos contables y de las demás operaciones que están encomendadas al Registro Mercantil.

Artículo 18. Cambio de domicilio dentro de la misma provincia.

El cambio de domicilio de un sujeto inscrito dentro de la misma provincia se hará constar en el Registro Mercantil mediante la correspondiente inscripción, que se practicará en virtud de solicitud escrita en caso de empresario individual, y de escritura pública en los demás casos.

Artículo 19. Cambio de domicilio a provincia distinta.

1. Cuando un sujeto inscrito traslade su domicilio a otra provincia se presentará en el Registro Mercantil de ésta certificación literal de todas sus inscripciones, a fin de que se trasladen a la hoja que se le destine en dicho Registro. La certificación, que deberá reproducir las cuentas depositadas correspondientes a los últimos cinco ejercicios, no podrá expedirse sin previa presentación del documento que acredite el acuerdo o decisión del traslado, o en virtud de solicitud del órgano de administración, con firmas debidamente legitimadas. Una vez expedida, el Registrador de origen lo hará constar en el documento en cuya virtud se solicitó y por diligencia a continuación del último asiento practicado, que implicará el cierre del Registro. En la certificación deberá hacerse constar expresamente que se ha practicado dicha diligencia en el Registro.

El Registrador de destino transcribirá literalmente el contenido de la certificación en la nueva hoja, reflejando en inscripción separada el cambio de domicilio. A continuación, el Registrador de destino comunicará de oficio al de origen haber practicado las inscripciones anteriores, indicando el número de la hoja, folio y libro en que conste. Este último extenderá una nota de referencia expresando dichos datos registrales.

2. Si el traslado de domicilio se efectuase a lugar correspondiente a la circunscripción del Registro Mercantil en que el sujeto hubiera estado anteriormente inscrito, bastará una certificación de las inscripciones efectuadas con posterioridad a la transcripción prevenida por el apartado anterior. El Registrador Mercantil correspondiente al nuevo domicilio hará constar por nota que quedan de nuevo en vigor las inscripciones practicadas y trasladará a continuación las nuevas según resulte de la certificación presentada.

3. La certificación a que se refiere el número 1 de este artículo tendrá una vigencia de tres meses desde su expedición, transcurridos los cuales deberá solicitarse una nueva certificación. El cierre del Registro como consecuencia

de la expedición de la certificación tendrá una vigencia de seis meses, transcurridos los cuales sin que se hubiese recibido el oficio del Registrador de destino acreditativo de haberse practicado la inscripción en dicho Registro, el Registrador de origen por medio de nueva diligencia procederá de oficio a la reapertura del Registro.

Artículo 20. Cambio de domicilio al extranjero.

1. Redacción según Real Decreto 659/2007, de 25 de mayo. Si el cambio de domicilio se efectuase al extranjero, en los supuestos previstos por las Leyes, se estará a lo dispuesto en los Convenios internacionales vigentes en España y a las normas europeas que resulten de aplicación. En tales supuestos, el Registrador competente en razón del domicilio de la sociedad que se traslada certificará el cumplimiento de los actos y trámites que han de realizarse por la entidad antes del traslado, y no cancelará la hoja de la sociedad hasta que reciba una comunicación del tribunal, notario u autoridad competente del nuevo domicilio acreditativa de la inscripción de la sociedad. Recibida ésta, cancelará la hoja de la sociedad y extenderá nota de referencia expresiva de los nuevos datos registrales.

2. Si en el Convenio se previese el mantenimiento de la nacionalidad española de la sociedad, las inscripciones se trasladarán, de conformidad con lo dispuesto en el artículo anterior, a la hoja que se le abra en el Registro Mercantil Central, en la que se practicarán en lo sucesivo los asientos correspondientes a dicha sociedad.

3. En la hoja abierta a la sociedad en el Registro correspondiente al antiguo domicilio, se extenderá la diligencia a que se refiere el apartado primero del artículo anterior.

4. Añadido por Real Decreto 659/2007, de 25 de mayo. Si el traslado fuera de una sociedad anónima europea domiciliada en España a otro estado miembro de la Unión Europea, el Registrador del domicilio social originario certificará el cumplimiento de los actos y trámites que han de realizarse por

la entidad antes del traslado y extenderá en la hoja abierta a la entidad la diligencia a que se refiere el apartado primero del artículo anterior.

Cuando la sociedad anónima europea se haya inscrito en el Registro del nuevo domicilio, el Registrador español del anterior domicilio cancelará la hoja de la sociedad después de recibir la correspondiente notificación en la que la autoridad correspondiente del nuevo domicilio le dé cuenta de aquella inscripción. Todo ello de conformidad con lo dispuesto en los artículos 315 de la Ley de Sociedades Anónimas y 160.3 de este Reglamento.

Artículo 21. Apertura al público del Registro.

El Registro Mercantil estará abierto al público todos los días hábiles, desde las nueve a las catorce y desde las dieciséis a las dieciocho horas, excepto los sábados, en los que solo se mantendrá el horario de mañana.

Artículo 22. Sello.

En los documentos que firmen los Registradores, fuera de los libros del Registro, se estampará un sello con el Escudo de España, la indicación de la circunscripción territorial y el nombre y apellidos del Registrador.

Capítulo II. De los libros del registro

Artículo 23. Libros.

1. En los Registros Mercantiles se llevarán los siguientes libros:

1. Libro de inscripciones y su Diario de presentación.
2. Libro de legalizaciones y su Diario de presentación.
3. Libro de Depósito de cuentas y su Diario de presentación.
4. Libro de nombramiento de expertos independientes y de auditores y su Diario de presentación.
5. Índices.
6. Inventario.

2. Cuando las necesidades del servicio lo aconsejen, la Dirección General de los Registros y del Notariado podrá autorizar la apertura de más de un Libro

Diario de cada una de las operaciones relacionadas en los epígrafes a, b, c y d del apartado anterior.

3. Los Registradores podrán llevar también los libros y cuadernos auxiliares que juzguen conveniente para la adecuada gestión del Registro.

4. Los libros a que se refieren las letras b, c, d, y e del apartado 1, así como los libros y cuadernos auxiliares del apartado 3, serán de hojas móviles y podrán elaborarse por procedimientos informáticos o sustituirse por ficheros manuales o archivos informáticos, en cuyo caso deberán recogerse en los asientos todas las circunstancias exigidas por la Ley y este Reglamento.

Artículo 24. Formalidades comunes de los libros.

1. Los libros del Registro Mercantil serán uniformes para todos los Registros y se numerarán, en cada uno de ellos, por orden de antigüedad.

2. La legalización de los libros del Registro se practicará de conformidad con lo dispuesto en el Reglamento Hipotecario.

Artículo 25. Libro Diario.

1. El Diario de presentación a que se refiere la letra a del artículo 23 podrá llevarse en libros encuadernados y foliados o en libros de hojas móviles. En ambos casos, los folios útiles estarán numerados correlativamente en el ángulo superior derecho.

2. Cada folio del Diario contendrá un margen blanco para extender en él las notas marginales que procedan, separado del resto por dos líneas verticales formando columna en la que se consignará el número del asiento.
Las notas de calificación que deban practicarse al margen del asiento de presentación podrán extenderse en un libro independiente. En ese caso se consignará al margen de aquel asiento la oportuna nota de referencia.

3. En la parte superior de cada folio se imprimirán, en su lugar respectivo, los siguientes epígrafes: notas marginales, número de los asientos y asientos de presentación.

Artículo 26. Libros de inscripciones.

1. Los libros de inscripciones estarán compuestos de hojas móviles, numeradas correlativamente en el ángulo superior derecho, consignándose en cada una de ellas el tomo y Registro a que corresponden.

Los asientos que se practiquen en ellos habrán de extenderse a máquina o por procedimientos informáticos, debiendo quedar asegurado, en todo caso, el carácter indeleble de lo escrito. Las notas marginales podrán practicarse también a mano o mediante estampilla.

2. En la parte superior del lomo se incorporará un tejuelo, en el que se expresará el Registro de que se trate y el número del tomo.

3. Los folios se dividirán en tres partes: un espacio lateral destinado a notas marginales; dos líneas verticales, formando columna con separación de dos centímetros, para hacer constar en ella el número de la inscripción o letra de la anotación, así como la naturaleza o clase del acto registrado, y un espacio para extender las inscripciones, anotaciones y cancelaciones.

En la parte superior de cada folio se imprimirán, en su lugar respectivo, los siguientes epígrafes: notas marginales, número de los asientos e inscripciones.

Artículo 27. Libro de legalizaciones.

El Libro de legalizaciones se llevará mediante la apertura de una hoja para cada empresario en la que se hará constar los datos de presentación de la solicitud en el Libro Diario, la clase de libros legalizados, el número dentro de cada clase, la fecha de legalización y los datos del legajo en que se archive la instancia.

Artículo 28. Libro de depósito de cuentas.

1. Los folios útiles del Libro de Depósito de cuentas estarán numerados correlativamente en el ángulo superior derecho.

2. Cada folio contendrá diversos espacios en blanco, separados por líneas verticales, en los que se consignará el nombre y los datos registrales del empresario, el tipo de documentos depositados, los datos de presentación de la solicitud en el Libro Diario, la fecha del depósito y los datos del legajo o carpeta en que se incluyan los documentos. En la parte superior de cada folio se imprimirán los epígrafes correspondientes.

Artículo 29. Libro de nombramiento de expertos independientes y de auditores.

1. Los folios útiles del Libro de nombramiento de expertos independientes y de auditores estarán numerados correlativamente en el ángulo superior derecho.

2. Cada folio contendrá diversos espacios en blanco, separados por líneas verticales, en los que se consignará el nombre y los datos registrales de la sociedad o entidad, la fecha de la resolución de nombramiento, el nombre del experto o auditor designado, los datos de presentación de la instancia en el Libro Diario y los datos del legajo en que se archive la instancia.
En la parte superior de cada folio se imprimirán los epígrafes correspondientes.

Artículo 30. Índice.

Los Registradores llevarán obligatoriamente, por orden alfabético y mediante procedimientos informáticos, un índice del Registro, en el que se incorporará, al menos, la identificación del sujeto inscrito indicando, en su caso, la denominación social, el domicilio, tomo, folio de inscripción y el número de hoja, así como su número de identificación fiscal.

Artículo 31. Inventario.

1. En cada Registro habrá un Inventario de todos los libros y carpetas o legajos que en él existan.

2. Siempre que tome posesión un Registrador, se hará cargo del Registro conforme a dicho Inventario, que firmarán los funcionarios saliente y entrante, siendo responsable el primero de lo que apareciere en el mismo y no entregare.

3. Al comenzar cada año se completará o modificará el Inventario con lo que resulte del año anterior.

Artículo 32. Legajos.

1. Los Registradores formarán por períodos, cuya duración fijarán según el movimiento de la oficina, los siguientes legajos:

   1. Mandamientos judiciales, resoluciones administrativas y demás documentos en cuya virtud se haya practicado la inscripción, cuando no tengan matriz en protocolo notarial o en archivo público.
   2. Certificaciones de traslado de domicilio y demás documentos procedentes de otros Registros Mercantiles o de la Propiedad.
   3. Comunicaciones oficiales.
   4. Instancias de legalización de libros y de nombramiento de expertos independientes y auditores.
   5. Cualesquiera otros documentos o copias de los mismos cuyo archivo o depósito se establezca en disposiciones especiales o se juzgue conveniente por razones del servicio.

2. En los documentos que obren en los legajos correspondientes se estampará el sello de la Oficina y se hará referencia al asiento practicado.

3. Dentro de cada legajo se numerarán los documentos que contenga, por orden cronológico de despacho.

4. En el asiento practicado se expresará el legajo y el número que en él corresponde a cada uno de los documentos archivados.

5. Transcurridos seis años desde la fecha de su depósito o archivo, el Registrador podrá proceder al expurgo de los documentos contenidos en los legajos, salvo que por razón de su contenido estuviesen vigentes o se considerase oportuna su conservación.

Capítulo III. De los asientos

Sección I. De los asientos en general

Artículo 33. Asientos.

1. En los libros del Registro se practicarán las siguientes clases de asientos: Asientos de presentación, inscripciones, anotaciones preventivas, cancelaciones y notas marginales.

2. Los Registradores autorizarán con su firma los asientos y las notas al pie del título. No obstante podrán autorizar con media firma las inscripciones, anotaciones y cancelaciones concisas así como las notas y diligencias distintas de las mencionadas.
Tratándose de asientos de presentación, bastará con la firma de la diligencia de cierre, que implicará la conformidad con todos los extendidos durante el día.

Artículo 34. Expresión de cantidades.

1. Las cantidades, fechas y números que hayan de contener los asientos podrán expresarse en guarismos, excepto aquéllos que se refieran a la determinación del capital social, número y valor de las cuotas y participaciones sociales, acciones y obligaciones e importe total de cada emisión, que se expresarán en letra.

2. En todo caso, en los asientos de presentación y notas marginales se podrán utilizar guarismos.

Artículo 35. Ordenación de los asientos.

1. Las inscripciones y cancelaciones tendrán numeración correlativa y especial, que se consignará en guarismos.

2. Las anotaciones preventivas y sus cancelaciones se identificarán mediante letras, por orden alfabético.

Artículo 36. Redacción de asientos.
1. Los asientos del Registro se redactarán en lengua castellana ajustados a los modelos oficiales aprobados y a las instrucciones impartidas por la Dirección General de los Registros y del Notariado.

2. Los conceptos de especial interés se destacarán mediante subrayado, tipo diferente de letra o empleo de tinta de distinto color.

3. Cuando en un asiento deban hacerse constar datos o circunstancias idénticos a los que aparezcan en otro asiento de la misma hoja registral, podrán omitirse haciendo referencia suficiente al practicado con anterioridad.

4. Los asientos se practicarán a continuación unos de otros, sin dejar espacio en blanco entre ellos.

5. Dentro de los asientos, las partes de líneas que no fueren escritas por entero se inutilizarán con una raya.

Artículo 37. Circunstancias generales de los asientos.
1. Salvo disposición específica en contrario, toda inscripción, anotación preventiva o cancelación contendrá, necesariamente, las siguientes circunstancias:

1. Acta de inscripción o declaración formal de quedar practicado el asiento, con expresión de la naturaleza del acto o contrato que se inscribe.

2. Clase, lugar y fecha del documento o documentos, y los datos de su autorización, expedición o firma, con indicación, en su caso, del Notario que lo autorice o del Juez, Tribunal o funcionario que lo expida.
3. Día y hora de la presentación del documento, número del asiento, folio y tomo del Libro Diario.
4. Fecha del asiento y firma del Registrador.

2. Al margen del asiento de presentación se consignarán necesariamente los derechos devengados, la base tenida en cuenta para su cálculo y los números del Arancel aplicados.

Artículo 38. Constancia de la identidad.

1. Cuando haya de hacerse constar en la inscripción la identidad de una persona física, se consignarán los siguientes datos:

1. El nombre y apellidos.
2. El estado civil.
3. La mayoría de edad. Tratándose de menores de edad, se indicará su fecha de nacimiento y, en su caso, la condición de emancipado.
4. La nacionalidad, cuando se trate de extranjeros.
5. El domicilio, expresando la calle y número o el lugar de situación, la localidad y el municipio. Si estuviese fuera de poblado, bastará con indicar el término municipal y el nombre del lugar o cualquier otro dato de localización.
6. Documento nacional de identidad. Tratándose de extranjeros, se expresará el número de identificación de extranjeros, el de su pasaporte, el de su tarjeta de residencia o de cualquier otro documento legal de identificación, con declaración de estar vigentes.

Igualmente se consignará el número de identificación fiscal, cuando se trate de personas que dispongan del mismo con arreglo a la normativa tributaria.

2. Tratándose de personas jurídicas se indicará:

1. La razón social o denominación.
2. Los datos de identificación registral.
3. La nacionalidad, si fuesen extranjeras.
4. El domicilio, en los términos expresados en el número 5 del apartado anterior.
5. El número de identificación fiscal, cuando se trate de entidades que deban disponer del mismo con arreglo a la normativa tributaria.

3. Cuando haya de hacerse constar en la inscripción el domicilio de una persona, física o jurídica, se expresarán los datos a que se refiere el número 5 del apartado 1 de este artículo.

Artículo 39. Plazo para la práctica de los asientos.

1. Las inscripciones se practicarán, si no mediaren defectos, dentro de los quince días siguientes al de la fecha del asiento de presentación o, en su caso, al de la fecha de devolución del documento retirado. Si concurriese justa causa, el plazo será de treinta días.

En todo caso, la inscripción habrá de efectuarse dentro del plazo de vigencia del asiento de presentación, sin perjuicio de la responsabilidad en que incurra el Registrador por la infracción de lo dispuesto en el párrafo anterior.

Si el título adoleciere de defectos subsanables, el plazo se contará desde que se hubiesen aportado los documentos que la subsanación exija, siempre que esté vigente el asiento de presentación. La aportación de tales documentos se hará constar por nota marginal.

2. Si los documentos subsanatorios se presentaren o los retirados se devolvieren dentro de los últimos quince días de vigencia del asiento de presentación, éste se entenderá prorrogado por un período igual al que falte para completar los quince días.

3. Si se hubiere interpuesto recurso gubernativo, el plazo empezará a contarse desde la fecha en que se notifique al Registrador la oportuna resolución o, en su caso, desde la fecha en que aquél adopte la decisión de reforma.

Artículo 40. Reconstrucción del Registro y rectificación de errores.

1. Cuando a consecuencia de incendio, inundación o cualquier otro siniestro quedasen destruidos en todo o en parte alguno de los Libros del Registro, o cuando se hiciere extraordinariamente difícil la consulta por el deterioro de los folios que los integran, se procederá de acuerdo con las siguientes reglas:

1. El Registrador, con intervención de un miembro de la Junta de Gobierno del Colegio de Registradores o del Presidente territorial correspondiente, levantará un acta en la que harán constar los Libros destruidos o los folios deteriorados, y procederá a la apertura de un expediente numerado para cada uno de los sujetos inscritos, en el que se reflejarán todas las incidencias del procedimiento de reconstrucción.

2. El Registrador hará constar la apertura del expediente por nota al margen del último asiento practicado en la hoja registral que se trate de reconstruir y notificará el inicio del procedimiento a la Dirección General de los Registros y del Notariado y a cada uno de los sujetos inscritos afectados.

Si la hoja registral hubiese quedado destruida en su totalidad y no fuera posible extender la referida nota marginal se hará constar esta circunstancia en el expediente.

3. En la notificación se requerirá al sujeto inscrito la nueva presentación de los Títulos que en su momento hubieran provocado la práctica de los asientos destruidos o deteriorados y contengan al pie la nota de haber sido inscritos.

En defecto de los títulos originariamente inscritos podrá aportarse segunda o ulterior copia de los mismos cuando pudiera tenerse constancia de la previa inscripción de los mismos a través del Boletín Oficial del Registro Mercantil o de los índices informatizados del Registro.

4. A medida que se vayan presentando los títulos correspondientes a los asientos que se trate de reconstruir, el Registrador procederá a su reinscripción a continuación del último asiento practicado en la hoja abierta al sujeto inscrito, asignará a cada uno de los nuevos asientos practicados el número de orden que anteriormente le hubiese correspondido y hará constar en el acta de inscripción y en la nota al pie del Título una referencia al número de expediente de reconstrucción de que se trate.

5. Una vez practicados todos los asientos comprendidos en el expediente, el Registrador extenderá la correspondiente diligencia de cierre, que notificará a la Dirección General de los Registros y al sujeto inscrito. De la misma forma se procederá cuando hayan transcurrido seis meses desde la notificación al sujeto inscrito del inicio del procedimiento y no se hubieran presentado los títulos a que se refiere la regla 3. En este caso la reconstrucción del Registro se someterá a las reglas generales establecidas en la legislación hipotecaria.

6. El expediente quedará archivado en el Registro durante seis años, a contar desde la fecha de la diligencia de cierre.

2. La rectificación de errores en los asientos se realizará por los procedimientos y con los requisitos establecidos en la legislación hipotecaria.

Sección II. Del asiento de Brevísima presentación

Artículo 41. Diligencia de apertura.

Cada día, antes de extenderse el primer asiento de presentación, y a continuación de la diligencia de cierre del último día hábil, se extenderá la oportuna diligencia de apertura, expresando la fecha que corresponda.

Artículo 42. Contenido del asiento.

1. Al ingresar cualquier documento que pueda provocar alguna operación registral, se extenderá en el Diario correspondiente el oportuno asiento de presentación.

De las solicitudes privadas de expedición de certificaciones no se extenderá asiento de presentación, salvo las presentadas a efectos de lo dispuesto en el artículo 19 de este Reglamento.

2. Extendido el asiento de presentación, se hará constar por nota en el documento el día y la hora de la presentación, y el número y tomo del Diario.

Artículo 43. Vigencia del asiento.
La vigencia del asiento de presentación será de dos meses a contar desde la fecha en que se haya practicado. El asiento de presentación de las cuentas anuales, regulado en el artículo 367, tendrá una vigencia de cinco meses.

Artículo 44. Tiempo de presentación.
Los Registradores solo admitirán la presentación de documentos durante las horas de apertura al público del Registro. No obstante, podrán ejecutar fuera de ellas las demás operaciones de su cargo.

Artículo 45. Sujeto de la presentación.
1. Quien presente un documento inscribible en el Registro Mercantil será considerado representante de quien tenga la facultad o el deber de solicitar la inscripción.

2. La misma regla se aplicará a la presentación de solicitudes firmadas por persona legitimada que tengan por objeto la práctica de cualquier otra operación registral.

Artículo 46. Presentación en Registro distinto.
Si concurren razones de urgencia o necesidad, cualquiera de los otorgantes podrá solicitar del Registro Mercantil o de la Propiedad del distrito en que se haya otorgado el documento, que se remitan al Registro Mercantil competente, por medio de telecopia o procedimiento similar, los datos necesarios para la práctica en éste del correspondiente asiento de presentación.

Artículo 47. Operaciones del Registro de origen.

1. El Registrador a quien se solicite la actuación a que se refiere el artículo anterior, después de calificar el carácter de presentable del documento, extenderá en el Diario un asiento de remisión, dándole el número que corresponda, y seguidamente remitirá al Registro competente, por medio de telecopia o procedimiento análogo, todos los datos necesarios para practicar el asiento de presentación, agregando además los que justifiquen la competencia del Registro de destino, el número que le haya correspondido en su Diario y su sello y firma.

2. Seguidamente extenderá nota al pie del documento, haciendo constar las operaciones realizadas así como la confirmación de la recepción dada por el Registro de destino, y lo devolverá al interesado para su presentación en el Registro competente, advirtiéndole que de no hacerlo en plazo de diez días hábiles caducará el asiento.

3. El acuse de recibo, que deberá hacerse igualmente mediante telecopia o procedimiento similar, se consignará por medio de nota marginal en el Diario y se archivará en el legajo correspondiente.

Artículo 48. Operaciones del Registro de destino.

1. El Registrador que reciba la comunicación del Registro de origen, previa calificación de su competencia y confirmación de la recepción, extenderá el asiento de presentación solicitado al final del día, inmediatamente antes de la diligencia de cierre. Si fueren varias las telecopias, los asientos se practicarán por el orden de su recepción.

2. Dentro del plazo a que se refiere el apartado segundo del artículo anterior, el interesado deberá presentar el documento original con la nota antes indicada, haciéndose constar dicha presentación por nota marginal, a partir de cuya fecha correrán los plazos de calificación y despacho.

Artículo 49. Diferencias de tiempo hábil.

En el supuesto de que los Registros de origen y destino tuviesen distinto horario de apertura y cierre del Diario, solo se podrán practicar las operaciones a que se refieren los artículos anteriores durante las horas que sean comunes. Igual criterio se aplicará respecto a días hábiles.

Artículo 50. Títulos no susceptibles de presentación.
Los Registradores no extenderán asientos de presentación de los documentos que, por su forma o contenido, no puedan provocar operación registral, o no correspondan a la circunscripción de su Registro.

Artículo 51. Unidad de asiento de presentación.
1. No se extenderá más que un asiento de presentación aunque la documentación conste de varias piezas, o en su virtud deban hacerse diferentes inscripciones u operaciones registrales.

2. No será necesario reseñar los documentos complementarios en los asientos de presentación, salvo que lo pida el presentante.

Artículo 52. Títulos enviados por correo.
1. El Registrador no estará obligado a extender asiento de presentación de los títulos que reciba por correo o procedimiento análogo, excepto cuando estén remitidos en actuación de lo previsto en el artículo 46 o por autoridades judiciales o administrativas. No obstante, podrá extender el asiento. En caso contrario habrá de devolver el documento.

2. En caso de practicarse el asiento de presentación, el Registrador lo extenderá al final del día consignando como presentante al remitente del documento.

Artículo 53. Recibo del título presentado.
1. Al presentarse el título se entregará recibo en el que se expresará la clase de título recibido, el día y hora de su presentación y, en su caso, el número y tomo del Diario en que haya sido extendido el asiento.

2. Al devolver el título se recogerá el recibo expedido y, en su defecto, podrá exigirse que se entregue otro acreditativo de la devolución.

Artículo 54. Retirada del título.

1. Extendido el asiento de presentación, el presentante o el interesado podrán retirar el documento sin otra nota que la expresiva de haber sido presentado.

2. Siempre que el Registrador devuelva el título, hará en él una indicación que contenga la fecha de la devolución y extenderá nota al margen del asiento de presentación, expresiva de la devolución, firmada por el presentante o el interesado cuando el Registrador lo exigiere.

Artículo 55. Fecha de la inscripción.

1. Se considera como fecha de la inscripción la fecha del asiento de presentación.

2. Para determinar la prioridad entre dos o más inscripciones de igual fecha, se atenderá a la hora de la presentación.

Artículo 56. Recurso de queja.

Si el Registrador se negare a extender el asiento de presentación, el interesado podrá acudir en queja a la Dirección General de los Registros y del Notariado, la cual, previo informe de aquél, resolverá lo procedente.

Artículo 57. Nota de inscripción.

1. Practicado el asiento, se extenderá al margen del de presentación una nota en la que conste el tomo y folio, la clase, el número o letra del asiento y el número de hoja. Análoga nota se extenderá al pie del título, que se devolverá al interesado.

2. Si el título inscribible hubiere de quedar archivado en el Registro, de conformidad con lo dispuesto en el artículo 32, se devolverá al interesado copia

del mismo, consignando el Registrador la coincidencia con el original y la nota de inscripción a que se refiere el apartado anterior.

Capítulo IV. De la calificación y los recursos

Sección I. De la calificación

Artículo 58. Ámbito de la calificación.

1. La calificación del Registrador se extenderá a los extremos señalados en el artículo 6 de este Reglamento.

2. El Registrador considerará faltas de legalidad en las formas extrínsecas de los documentos inscribibles, las que afecten a su validez, según las leyes que determinan su forma, siempre que resulten de los documentos presentados. Del mismo modo, apreciará la omisión o la expresión sin claridad suficiente de cualquiera de las circunstancias que necesariamente deba contener la inscripción o que, aun no debiendo constar en ésta, hayan de ser calificadas.

Artículo 59. Naturaleza y caracteres de la calificación.

1. La calificación del Registrador y, en su caso, la resolución de la Dirección General de los Registros y del Notariado dictada en vía de recurso gubernativo se entenderán limitadas a los efectos de extender, suspender o denegar el asiento principal solicitado.

2. La calificación deberá ser global y unitaria. La nota de calificación habrá de incluir todos los defectos por los que proceda la denegación o suspensión del asiento.
La alegación de nuevos defectos antes de la inscripción determinará la corrección disciplinaria del Registrador, salvo que ésta no resultase procedente atendidas las circunstancias del caso.

Artículo 60. Uniformidad de la calificación.

Si un Registro Mercantil estuviese a cargo de dos o más Registradores, se procurará, en lo posible, la uniformidad de los criterios de calificación.

Artículo 61. Plazo para calificar.
La calificación se verificará dentro de los plazos señalados por el artículo 39 para la práctica de los asientos.

Artículo 61 bis. Calificación de títulos relativos a nombramientos. Añadido por Real Decreto 685/2005, de 10 de junio.
La calificación de los títulos relativos al nombramiento de cualquier persona natural o jurídica como administrador, liquidador o apoderado de sujeto inscrito en el Registro Mercantil exigirá la previa comprobación del índice centralizado de incapacitados del Colegio de Registradores para comprobar la eventual existencia de una inhabilitación vigente de las previstas en el artículo 172.2.2 de la Ley 22/2003, de 9 de julio. Del resultado de la comprobación dejará el registrador constancia en la nota de calificación y en el acta de inscripción.

Artículo 62. Efectos de la calificación.
1. Si el título no contuviere defectos, se practicarán inmediatamente los asientos solicitados, extendiendo al pie de aquél y al margen del asiento de presentación la oportuna nota de referencia.

2. Si el título comprendiere varios hechos, actos o negocios inscribibles, independientes unos de otros, los defectos que apreciase el Registrador en alguno de ellos no impedirán la inscripción de los demás, debiendo practicarse, respecto de éstos, los asientos solicitados.

3. Si la calificación atribuyere al título defectos que impidan su inscripción, se consignará aquélla en nota fechada y firmada por el Registrador, en la que se expresarán de forma clara, sucinta y razonada todos los que se observaren, señalando si son subsanables o insubsanables, así como la disposición en que se funda o la doctrina jurisprudencial en que se ampara.

Dicha nota habrá de extenderse al pie del título y reproducirse al margen del asiento de presentación.

4. Si los defectos imputados al título fueren subsanables, el Registrador suspenderá la inscripción y extenderá, a solicitud del interesado, anotación preventiva que caducará a los dos meses desde su fecha.

5. Si los defectos fueren insubsanables, se denegará la inscripción sin que pueda practicarse anotación preventiva.

Artículo 63. Inscripción parcial del título.

1. Si los defectos invocados por el Registrador afectaren a una parte del título y no impidieren la inscripción del resto, podrá practicarse la inscripción parcial.

En particular, se entenderá que cabe la inscripción parcial prescindiendo de las cláusulas o estipulaciones defectuosas, cuando éstas fueren meramente potestativas o cuando su omisión en la inscripción quede suplida por las normas legales correspondientes.

2. Si la inscripción parcial resultare posible, el Registrador la practicará siempre que se hubiese previsto en el título o se hubiese solicitado por el interesado mediante instancia, en cuyo caso se hará constar así en nota al pie del título y al margen del asiento de presentación.

Artículo 64. Subsanación de defectos.

1. El interesado podrá subsanar, dentro del plazo de vigencia del asiento de presentación o de la anotación preventiva, los defectos observados.

Si se hubiere practicado anotación preventiva, ésta se convertirá, cuando resulte procedente, en inscripción.

2. Las faltas subsanables, cualquiera que sea su procedencia, podrán subsanarse por instancia del interesado con la firma puesta en presencia del Registrador o legitimada notarialmente, siempre que no fuera necesario un

documento público u otro medio especialmente adecuado. La instancia se archivará en el Registro.

Artículo 65. Cancelación del asiento de presentación.
Una vez transcurrido el plazo de vigencia del asiento de presentación sin haberse devuelto el documento retirado, ni extendido anotación preventiva, ni subsanado los defectos, ni interpuesto recurso judicial o gubernativo contra la calificación, procederá su cancelación por medio de nota marginal.

Sección II. Del recurso gubernativo

Artículo 66. De los recursos contra la calificación.
1. Contra la calificación que atribuya al título algún defecto que impida su inscripción podrán los interesados interponer recurso gubernativo.

2. La interposición del recurso no excluirá el derecho de los interesados de acudir a los Tribunales de Justicia para litigar entre sí acerca de la validez de los títulos calificados, en cuyo caso se estará a lo dispuesto en los artículos 66 de la Ley Hipotecaria y 101 y 132 de su Reglamento.

3. Interpuesto recurso gubernativo dentro del plazo de vigencia del asiento de presentación o, en su caso, del de la anotación preventiva, quedarán éstos en suspenso hasta el día en que recayere la resolución definitiva.
Quedarán igualmente en suspenso los asientos de presentación anteriores o posteriores relativos a títulos contradictorios o conexos.
En uno y otro caso, la suspensión se hará constar mediante las correspondientes notas marginales.

Artículo 67. Legitimación.
El recurso gubernativo podrá ser interpuesto:

1. Por la persona a cuyo favor se hubiera de practicar la inscripción, por quien tenga interés conocido en asegurar los efectos de ésta y por quien

ostente notoriamente o acredite en forma auténtica la representación legal o voluntaria de unos u otros para tal objeto.

2. Por el Ministerio Fiscal, cuando se trate de documentos expedidos por autoridad judicial y que se refieran a asuntos en que deba ser parte con arreglo a las leyes.

3. Por el Notario autorizante, en todo caso.

Artículo 68. Objeto del recurso.
El recurso se circunscribirá a las cuestiones que se relacionen directamente con la calificación del Registrador, sin que puedan estimarse las peticiones basadas en otros motivos o amparadas en documentos no presentados en tiempo y forma.

Artículo 69. Plazo y forma de interposición.
1. El plazo para interponer el recurso será de dos meses a contar desde la fecha de la nota de calificación.

2. El recurso se interpondrá por medio de escrito dirigido al Registrador, en el que se solicitará la reforma, en todo o en parte, de la calificación, expresando los extremos de la nota que se impugnan y las razones en que se funda el recurrente.
Al escrito se acompañarán únicamente, originales o debidamente testimoniados, los documentos calificados por el Registrador y, en su caso, el documento que acredite la representación que ostente el recurrente.

Artículo 70. Decisión del Registrador.
1. El Registrador decidirá en el plazo de quince días si reforma en todo o en parte la calificación recurrida, o si la mantiene.

2. En el caso de que acceda a la reforma, extenderá los asientos solicitados.

3. En el caso de que mantenga en todo o en parte la calificación, el Registrador resolverá mediante decisión, que deberá ser clara, precisa y congruente con las pretensiones deducidas; reflejará los hechos alegados, las razones en que se funde el recurso y las peticiones formuladas; y expondrá los fundamentos de derecho en que se ampara.
Si apreciare falta de legitimación en el recurrente, el Registrador podrá limitar la decisión a este punto.

4. En todo caso, el Registrador comunicará su decisión al recurrente dentro de los cinco días siguientes a la fecha en que hubiese sido adoptada.

Artículo 71. Alzada ante la Dirección General de los Registros y del Notariado.
1. El recurrente, en el plazo de un mes desde la fecha de notificación de la decisión del Registrador por la que éste mantenga, en todo o en parte, su calificación, podrá formular en escrito dirigido a la Dirección General de los Registros y del Notariado las alegaciones que estime pertinentes, expresando los hechos y fundamentos de derecho, y fijando con claridad y precisión los extremos de la decisión que sean objeto de impugnación.
Este escrito se presentará, dentro del plazo indicado, en el Registro correspondiente, elevándose el expediente por el Registrador a la Dirección General dentro de los cinco días siguientes.
No obstante lo dispuesto en los párrafos anteriores, el recurrente podrá solicitar en el escrito de interposición que, una vez tomada la decisión por el Registrador manteniendo en todo la calificación, éste eleve, sin más trámites, el expediente a la Dirección General.

2. La Dirección General de los Registros y del Notariado podrá acordar, para mejor proveer, que se unan al expediente los documentos e informes que contribuyan al mejor esclarecimiento de las peticiones formuladas.

Artículo 72. Plazo para la resolución.
La Dirección General de los Registros y del Notariado resolverá el recurso en el plazo de cuatro meses a partir del día en que se reciba el expediente.

En el caso de que se soliciten otros documentos o informes para mejor proveer, el plazo se computará desde la fecha de incorporación de tales documentos al expediente.

Artículo 73. Forma de la resolución.

1. La resolución de la Dirección General de los Registros y del Notariado se acomodará en su forma a las reglas contenidas en el apartado tercero del artículo 70.

2. En el último antecedente de hecho, la resolución expresará los defectos definitivamente señalados en la decisión y los fundamentos de la misma.

3. En su parte dispositiva, la resolución ordenará, suspenderá o denegará la inscripción, declarando si el documento se halla o no extendido con arreglo a las leyes.

Artículo 74. Contenido y efectos de la resolución.

1. Si la resolución declarase procedente la inscripción, el Registrador la practicará sin necesidad de extender nuevo asiento de presentación. Queda a salvo lo dispuesto en el apartado segundo del artículo 59 de este Reglamento.

2. Si la resolución declarase subsanable el defecto, éste podrá subsanarse dentro de los quince días siguientes a la fecha en que el Registrador hubiese notificado al interesado el traslado de la misma, salvo que fuera mayor el plazo de vigencia del asiento de presentación o, en su caso, el de la anotación. Si el defecto no se subsanare en el término expresado, el Registrador cancelará de oficio las anotaciones preventivas y notas marginales, y extenderá nota al margen del asiento de presentación con referencia a la resolución recaída, a las cancelaciones efectuadas y a la cancelación del asiento por haber expirado dicho plazo.

3. Si la resolución declarase insubsanable el defecto, el Registrador cancelará de oficio las anotaciones preventivas y notas marginales practicadas, y

extenderá nota al margen del asiento de presentación con referencia a la resolución recaída y a las cancelaciones efectuadas.

Artículo 75. Desistimiento del recurso gubernativo.
Los recurrentes podrán desistir de la tramitación del recurso en cualquier momento antes de su resolución, mediante escrito dirigido al Registrador o, en su caso, a la Dirección General de los Registros y del Notariado.

Artículo 76. Recurso a efectos doctrinales.
1. Cuando se hubiesen inscrito los documentos calificados en virtud de subsanación de los defectos alegados en la nota del Registrador, podrá interponerse recurso gubernativo a efectos exclusivamente doctrinales.

2. Dicho recurso se tramitará de conformidad con las normas establecidas en los artículos anteriores.
No obstante, la Dirección General de los Registros y del Notariado, si estima que la cuestión suscitada carece de interés doctrinal, lo comunicará al recurrente y archivará el recurso sin más trámites. En otro caso, lo resolverá en el plazo de un año.

Capítulo V. De la publicidad formal

Artículo 77. Certificaciones.
1. La facultad de certificar de los asientos del Registro corresponderá exclusivamente a los Registradores Mercantiles.
Los Registradores podrán asimismo certificar de los documentos archivados o depositados en el Registro.

2. La certificación será el único medio de acreditar fehacientemente el contenido de los asientos del Registro.

3. Las certificaciones deberán solicitarse mediante escrito entregado directamente, enviado por correo o trasmitido por telecopia u otro procedimiento

similar, debiendo el Registrador, en estos últimos casos, remitir por correo la certificación solicitada.

4. Las certificaciones que se expidan a instancia de autoridad judicial o administrativa se extenderán o iniciarán en el mismo documento en que se soliciten.

5. Las certificaciones podrán ser actualizadas, a petición del interesado, por otras extendidas a continuación.

6. Las certificaciones, debidamente firmadas por el Registrador, se expedirán en el plazo de cinco días, contados desde la fecha en que se presente su solicitud.

7. Las certificaciones de asientos concisos deberán comprender la parte del extenso a que se remitan, de modo que aquéllas acrediten por sí solas el contenido del Registro.

Artículo 78. Nota informativa.
1. La nota simple informativa, de todo o parte del contenido de los asientos del Registro, se expedirá por el Registrador con indicación del número de hojas y de la fecha en que se extienden, y llevará su sello.

2. Las notas se expedirán en el plazo de tres días desde su solicitud.

Artículo 79. Consulta por ordenador.
Los Registradores Mercantiles facilitarán a los interesados la consulta de los datos relativos al contenido esencial de los asientos por medio de terminales de ordenador instalados a tal efecto en la oficina del Registro.

Artículo 80. Remisión al Reglamento Hipotecario.
En todo lo no previsto en este Título, y en la medida en que resulte compatible, será de aplicación el Reglamento Hipotecario.

Título II. De la inscripción de los empresarios y sus actos

Capítulo I. Disposiciones generales

Artículo 81. Sujetos y actos de inscripción obligatoria. Redactado de conformidad con el Real Decreto 1867/1998, de 4 de septiembre. Texto resultante tras la publicación de la Sentencia de 24 de febrero de 2000, de la Sala Tercera del Tribunal Supremo.

1. Será obligatoria la inscripción en el Registro Mercantil de los siguientes sujetos:

 1. El naviero empresario individual.
 2. Las sociedades mercantiles.
 3. Las sociedades de garantía recíproca.
 4. Las cooperativas de crédito, las mutuas y cooperativas de seguros y las mutualidades de previsión social.
 5. Las sociedades de inversión colectiva.
 6. Las agrupaciones de interés económico.
 7. Las cajas de ahorro.
 8. Los fondos de inversión.
 9. Los fondos de pensiones.
 10. Las sucursales de cualquiera de los sujetos anteriormente indicados.
 11. Las sucursales de sociedades extranjeras y de otras entidades extranjeras con personalidad jurídica y fin lucrativo.
 12. Las sociedades extranjeras que trasladen su domicilio a territorio español.
 13. Las demás personas o entidades que establezcan las Leyes.

2. En la hoja abierta a cada uno de los sujetos mencionados en el apartado anterior se inscribirán necesariamente los actos o circunstancias establecidos en las Leyes o en este Reglamento.

Artículo 82. Advertencia del Notario.
Los Notarios que autoricen documentos sujetos a inscripción en el Registro Mercantil advertirán a los otorgantes, en el propio documento y de manera específica, acerca de la obligatoriedad de la inscripción.

Artículo 83. Plazo para solicitar la inscripción.
Salvo disposición legal o reglamentaria en contrario, la inscripción habrá de solicitarse dentro del mes siguiente al otorgamiento de los documentos necesarios para la práctica de la misma.

Artículo 84. Autorizaciones administrativas.
1. Salvo que otra cosa disponga la legislación especial, no podrá practicarse la inscripción en el Registro Mercantil del sujeto que pretenda realizar actividades cuya inclusión en el objeto requiera licencia o autorización administrativa, si no se acredita su obtención. La misma regla se aplicará a la inscripción de actos posteriores sujetos a licencia o autorización administrativa.

2. En la inscripción se consignará la oportuna referencia a las licencias o autorizaciones que correspondan.

Artículo 85. Registros especiales.
1. Salvo que otra cosa disponga la legislación especial, no será necesaria la previa inscripción en los Registros administrativos para la inscripción en el Registro Mercantil.

2. Una vez practicada la inscripción en el Registro administrativo, se consignarán, previa solicitud del interesado, los datos de aquélla en el Registro Mercantil por medio de nota marginal.

Artículo 86. Obligaciones fiscales.

1. No podrá practicarse asiento alguno, a excepción del de presentación, si no se ha justificado previamente que ha sido solicitada o practicada la liquidación de los tributos correspondientes al acto o contrato que se pretenda inscribir o al documento en virtud del cual se pretenda la inscripción.

2. En la inscripción primera de todas las sociedades y entidades inscribibles habrá de consignarse su número de identificación fiscal, aunque sea provisional.

Capítulo II. De la inscripción de los empresarios individuales

Artículo 87. Contenido de la hoja.

En la hoja abierta a cada empresario individual se inscribirán:

1. La identificación del empresario y su empresa, que necesariamente será la inscripción primera.

2. Los poderes generales, así como su modificación, revocación y sustitución.
No será obligatoria la inscripción de los poderes generales para pleitos o de los concedidos para la realización de actos concretos.

3. La apertura, cierre y demás actos y circunstancias relativos a las sucursales, en los términos prevenidos en los artículos 295 y siguientes.

4. Las declaraciones judiciales que modifiquen la capacidad del empresario individual.

5. El nombramiento para suplir, por causa de incapacidad o incompatibilidad, a quien ostente la guarda o representación legal del empresario individual, si su mención no figurase en la inscripción primera del mismo.

6. Las capitulaciones matrimoniales, el consentimiento, la oposición y revocación a que se refieren los artículos 6 a 10 del Código de Comercio y las

resoluciones judiciales dictadas en causa de divorcio, separación o nulidad matrimonial, o procedimientos de incapacitación del empresario individual, cuando no se hubiesen hecho constar en la inscripción primera del mismo.

7. Redacción según Real Decreto 685/2005, de 10 de junio. Las resoluciones judiciales inscribibles relativas al concurso, voluntario o necesario, principal o acumulado, del empresario individual.

8. En general, los actos o contratos que modifiquen el contenido de los asientos practicados o cuya inscripción prevean las leyes o el presente Reglamento.

Artículo 88. Legitimación para solicitar la primera inscripción.
1. La inscripción del empresario individual se practicará a instancia del propio interesado.

2. En el caso de los menores o incapacitados a que se refiere el artículo 5 del Código de Comercio, la inscripción deberá ser solicitada por quien ostente su guarda o representación legal.

3. El cónyuge del empresario individual podrá solicitar la inscripción de éste en los casos y a los efectos de los artículos 6 al 10 del Código de Comercio.

4. La autoridad judicial o administrativa podrá solicitar la inscripción en los casos previstos en este Reglamento.

Artículo 89. Declaración de comienzo de actividad.
Para practicar la inscripción del empresario individual, será preciso acreditar que se ha presentado la declaración de comienzo de actividad empresarial a que se refiere el artículo 107 de la Ley 37/1988, de 28 de diciembre, de Presupuestos Generales del Estado para 1989.

Artículo 90. Circunstancias de la primera inscripción.
En la inscripción primera del empresario individual se expresará:

1. La identidad del mismo.

2. El nombre comercial y, en su caso, el rótulo de su establecimiento.

3. El domicilio del establecimiento principal y, en su caso, de las sucursales.

4. El objeto de su empresa.

5. La fecha de comienzo de sus operaciones.

Artículo 91. Inscripción en caso de menores o incapacitados.
1. Cuando se trate de los menores o incapacitados a que se refiere el artículo 5 del Código de Comercio, su inscripción expresará, además de lo dispuesto en el artículo anterior, la identidad de quien ostente su guarda o representación legal.

2. Si la guarda o representación legal correspondiere a personas legalmente incapaces o incompatibles para el ejercicio de la actividad empresarial de que se trate, se hará constar esta circunstancia, indicándose además la identidad de quienes suplan a los incapaces o incompatibles.

3. Para expresar en el Registro la continuación de la actividad empresarial a que se refiere el artículo 5 del Código de Comercio, se harán constar el nombre y apellidos y el último domicilio del causante, así como la fecha y lugar de su defunción.

Artículo 92. Inscripción de personas casadas.
Cuando se trate de personas casadas, la inscripción primera expresará, además de las circunstancias del artículo 90, las siguientes:

1. La identidad del cónyuge.

2. La fecha y lugar de celebración del matrimonio, y los datos de su inscripción en el Registro Civil.

3. El régimen económico del matrimonio legalmente aplicable o el que resulte de capitulaciones otorgadas e inscritas en el Registro Civil.

Artículo 93. Título inscribible.

1. La inscripción primera del empresario individual así como la apertura y cierre de sucursales se practicarán en virtud de declaración dirigida al Registrador, cuya firma se extienda o ratifique ante él o se halle notarialmente legitimada.
En el caso del naviero será precisa escritura pública.

2. La inscripción de las demás circunstancias de la hoja del empresario individual se practicará en virtud de escritura pública, documento judicial o certificación del Registro Civil, según corresponda.

3. La inscripción de la modificación de cualquiera de las circunstancias de la hoja del empresario individual se practicará en virtud del documento de igual clase que el requerido por el acto modificado.

Capítulo III. De la inscripción de las sociedades en general

Sección I. Disposiciones generales

Artículo 94. Contenido de la hoja.

1. En la hoja abierta a cada sociedad se inscribirán obligatoriamente:

 1. La constitución de la sociedad, que necesariamente será la inscripción primera.
 2. La modificación del contrato y de los estatutos sociales, así como los aumentos y las reducciones del capital.
 3. La prórroga del plazo de duración.
 4. El nombramiento y cese de administradores, liquidadores y auditores.

Asimismo habrá de inscribirse el nombramiento y cese de los secretarios y vicesecretarios de los órganos colegiados de administración, aunque no fueren miembros del mismo.

La inscripción comprenderá tanto los miembros titulares como, en su caso, los suplentes.

5. Los poderes generales y las delegaciones de facultades, así como su modificación, revocación y sustitución. No será obligatoria la inscripción de los poderes generales para pleitos o de los concedidos para la realización de actos concretos.

6. La apertura, cierre y demás actos y circunstancias relativos a las sucursales en los términos previstos en los artículos 295 y siguientes.

7. La transformación, fusión, escisión, rescisión parcial, disolución y liquidación de la sociedad.

8. La designación de la entidad encargada de la llevanza del registro contable en el caso de que los valores se hallen representados por medio de anotaciones en cuenta.

9. Redacción según Real Decreto 685/2005, de 10 de junio. Las resoluciones judiciales inscribibles relativas al concurso, voluntario o necesario, principal o acumulado, de la sociedad y las medidas administrativas de intervención.

10. Las resoluciones judiciales o administrativas, en los términos establecidos en las Leyes y en este Reglamento.

11. Añadido por Real Decreto 659/2007, de 25 de mayo. Los acuerdos de implicación de los trabajadores en una sociedad anónima europea, así como sus modificaciones posteriores, de acuerdo con lo previsto en el artículo 114.3 de este Reglamento.

12. Añadido por Real Decreto 659/2007, de 25 de mayo. El sometimiento a supervisión de una autoridad de vigilancia.

13. En general, los actos o contratos que modifiquen el contenido de los asientos practicados o cuya inscripción prevean las leyes o el presente Reglamento.

2. En dicha hoja se inscribirán también obligatoriamente la emisión de obligaciones u otros valores negociables, agrupados en emisiones, realizadas

por sociedades anónimas o entidades autorizadas para ello, y los demás actos y circunstancias relativos a los mismos cuya inscripción esté legalmente establecida.

3. Será igualmente obligatoria la inscripción de la admisión y exclusión de cualquier clase de valores a negociación en un mercado secundario oficial.

Artículo 95. Título inscribible.
1. Los actos a que se refieren los párrafos 1 a 3 y 5 a 7 del apartado 1 del artículo anterior deberán constar, para su inscripción, en escritura pública.

2. Respecto de los actos relacionados en los párrafos 4 y 9 del apartado 1 y en el apartado 2 de dicho artículo, así como respecto de los actos relativos a la delegación de facultades, se estará a lo específicamente dispuesto en este Reglamento.

3. Para la inscripción de las circunstancias señaladas en el apartado tercero del artículo anterior se presentará certificación expedida por la Sociedad Rectora del Mercado de Valores en la que se hallen admitidos a cotización, y en cuanto a la circunstancia señalada en el párrafo 8 del apartado 1 de dicho artículo se estará a lo dispuesto en este Reglamento.

4. La inscripción de los actos modificativos del contenido de los asientos a que se refiere el párrafo 11 del apartado 1 de dicho artículo, se practicará en virtud de documento de igual clase al requerido para la inscripción del acto que se modifica.

Artículo 96. Asientos posteriores al cierre provisional.
Practicado en la hoja registral el cierre a que se refieren los artículos 276 y 277 del Reglamento del Impuesto de Sociedades, solo podrán extenderse los asientos ordenados por la autoridad judicial o aquellos que hayan de contener los actos que sean presupuesto necesario para la reapertura de la hoja, así como los relativos al depósito de las cuentas anuales.

Sección II. De la documentación de los acuerdos sociales

Artículo 97. Contenido del acta.

1. Los acuerdos de los órganos colegiados de las sociedades mercantiles se consignarán en acta, que se extenderá o transcribirá en el libro de actas correspondiente, con expresión de las siguientes circunstancias:

1. Fecha y lugar del territorio nacional o del extranjero en que se hubiere celebrado la reunión.
2. Fecha y modo en que se hubiere efectuado la convocatoria, salvo que se trate de Junta o Asamblea universal. Si se tratara de Junta General o Especial de una sociedad anónima, se indicarán el Boletín Oficial del Registro Mercantil y el diario o diarios en que se hubiere publicado el anuncio de convocatoria.
3. Texto íntegro de la convocatoria o, si se tratase de Junta o Asamblea universal, los puntos aceptados como orden del día de la sesión.
4. En caso de Junta o Asamblea, el número de socios concurrentes con derecho a voto, indicando cuántos lo hacen personalmente y cuántos asisten por representación, así como el porcentaje de capital social que unos y otros representan. Si la Junta o Asamblea es universal, se hará constar, a continuación de la fecha y lugar y del orden del día, el nombre de los asistentes, que deberá ir seguido de la firma de cada uno de ellos. En caso de órganos colegiados de administración, se expresará el nombre de los miembros concurrentes, con indicación de los que asisten personalmente y de quienes lo hacen representados por otro miembro.
5. Un resumen de los asuntos debatidos y de las intervenciones de las que se haya solicitado constancia.
6. El contenido de los acuerdos adoptados.
7. En el caso de Junta o Asamblea, la indicación del resultado de las votaciones, expresando las mayorías con que se hubiere adoptado cada uno de los acuerdos.

   Si se tratase de órganos colegiados de administración, se indicará el número de miembros que ha votado a favor del acuerdo.

En ambos casos, y siempre que lo solicite quien haya votado en contra, se hará constar la oposición a los acuerdos adoptados.
8. La aprobación del acta conforme al artículo 99.

2. Las decisiones del socio único se consignarán en acta, que se extenderá o transcribirá en el Libro de actas correspondiente, con expresión de las circunstancias 1 y 6 del apartado anterior, así como si la decisión ha sido adoptada personalmente o por medio de representante.

3. Las circunstancias y requisitos establecidos en este Reglamento respecto de las actas y sus libros y certificaciones se entenderán exigidos a los exclusivos efectos de la inscripción en el Registro Mercantil.

Artículo 98. Lista de asistentes a las Juntas o Asambleas.
1. La lista de asistentes figurará al comienzo de la propia acta o se adjuntará a ella por medio de anejo firmado por el Secretario, con el Visto Bueno del Presidente.

2. La lista de asistentes podrá formarse también mediante fichero o incorporarse a soporte informático. En estos casos se extenderá en la cubierta precintada del fichero o del soporte la oportuna diligencia de identificación firmada por el Secretario, con el Visto Bueno del Presidente.

Artículo 99. Aprobación del acta.
1. Las actas de Junta o Asamblea se aprobarán en la forma prevista por la Ley o, en su defecto, por la escritura social. A falta de previsión específica, el acta deberá ser aprobada por el propio órgano al final de la reunión.

2. Las actas del órgano colegiado de administración se aprobarán en la forma prevista en la escritura social. A falta de previsión específica, el acta deberá ser aprobada por el propio órgano al final de la reunión o en la siguiente.

3. Una vez que conste en el acta su aprobación, será firmada por el Secretario del órgano o de la sesión, con el Visto Bueno de quien hubiera actuado en ella como Presidente.

4. Cuando la aprobación del acta no tenga lugar al final de la reunión, se consignará en ella la fecha y el sistema de aprobación.

Artículo 100. Supuestos especiales.
1. Cuando la Ley no impida la adopción de acuerdos por correspondencia o por cualquier otro medio que garantice su autenticidad, las personas con facultad de certificar dejarán constancia en acta de los acuerdos adoptados, expresando el nombre de los socios o, en su caso, de los administradores, y el sistema seguido para formar la voluntad del órgano social de que se trate, con indicación del voto emitido por cada uno de ellos. En este caso, se considerará que los acuerdos han sido adoptados en el lugar del domicilio social y en la fecha de recepción del último de los votos emitidos.

2. Si se tratare de acuerdos del órgano de administración adoptados por escrito y sin sesión, se expresará, además, que ningún miembro del mismo se ha opuesto a este procedimiento.

3. Salvo disposición contraria de la escritura social, el voto por correo deberá remitirse dentro del plazo de diez días a contar desde la fecha en que se reciba la solicitud de emisión del voto, careciendo de valor en caso contrario.

Artículo 101. Acta notarial de la Junta.
1. El Notario que hubiese sido requerido por los administradores para asistir a la celebración de la Junta y levantar acta de la reunión, juzgará la capacidad del requirente y, salvo que se trate de Junta o Asamblea Universal, verificará si la reunión ha sido convocada con los requisitos legales y estatutarios, denegando en otro caso su ministerio.

2. Una vez aceptado el requerimiento, el Notario se personará en el lugar, fecha y hora indicados en el anuncio, y procederá a asegurarse de la identidad y de los cargos de Presidente y Secretario de la reunión.

3. Constituida la Junta, preguntará a la asamblea si existen reservas o protestas sobre las manifestaciones del Presidente relativas al número de socios concurrentes y al capital presente.

Artículo 102. Contenido específico del acta notarial.

1. Además de las circunstancias generales derivadas de la legislación notarial y de las previstas como 1, 2 y 3 del artículo 97 de este Reglamento, el Notario dará fe de los siguientes hechos o circunstancias:

> 1. De la identidad del Presidente y Secretario, expresando sus cargos.
> 2. De la declaración del Presidente de estar válidamente constituida la Junta y del número de socios con derecho a voto que concurren personalmente o representados y de su participación en el capital social.
> 3. De que no se han formulado por los socios reservas o protestas sobre las anteriores manifestaciones del Presidente y, en caso contrario, del contenido de las formuladas, con indicación de su autor.
> 4. De las propuestas sometidas a votación y de los acuerdos adoptados, con transcripción literal de unas y otros, así como de la declaración del Presidente de la Junta sobre los resultados de las votaciones, con indicación de las manifestaciones relativas al mismo cuya constancia en acta se hubiere solicitado.
> 5. De las manifestaciones de oposición a los acuerdos y otras intervenciones cuando así se solicite, consignando el hecho de la manifestación, la identificación del autor y el sentido general de aquélla o su tenor literal si se entregase al Notario texto escrito, que quedará unido a la matriz.
> El Notario podrá excusar la reseña de las intervenciones que, a su juicio, no fueren pertinentes por carecer de relación con los asuntos debatidos o con los extremos del orden del día. Cuando apreciare la concurrencia de circunstancias o hechos que pudieran ser constitutivos de delito podrá interrumpir su actuación haciéndolo constar en el acta.

2. Si las sesiones se prolongan durante dos o más días consecutivos, la reunión de cada día se consignará como diligencia distinta en el mismo instrumento y por orden cronológico.

3. En ningún caso el Notario calificará la legalidad de los hechos consignados en el instrumento.

Artículo 103. Cierre del acta notarial.

1. La diligencia relativa a la reunión, extendida por el Notario en el propio acto o, ulteriormente, en su estudio con referencia a las notas tomadas sobre el lugar, no necesitará aprobación, ni precisará ser firmada por el Presidente y el Secretario de la Junta.

2. El acta notarial tendrá la consideración de acta de la Junta y, como tal, se transcribirá en el Libro de actas de la sociedad.

Artículo 104. Anotación preventiva de la solicitud de acta notarial y de la publicación de un complemento a la convocatoria de una Junta. Redacción según Real Decreto 659/2007, de 25 de mayo.

1. A instancia de algún interesado deberá anotarse preventivamente la solicitud de levantamiento de acta notarial de la Junta por la minoría prevista por la Ley y de la publicación de un complemento a la convocatoria con inclusión de uno o más puntos del orden del día, que se regula en el artículo 97 de la Ley de Sociedades Anónimas.

La anotación se practicará, en el primer caso, en virtud del requerimiento notarial dirigido a los administradores y efectuado dentro del plazo legalmente establecido para dicha solicitud.

La anotación preventiva de la publicación de un complemento a la convocatoria de una Junta se practicará en virtud de la notificación fehaciente a que se refiere el párrafo 3 del artículo 97 de la Ley de Sociedades Anónimas.

2. Practicada la anotación preventiva, no podrán inscribirse en el Registro Mercantil los acuerdos adoptados por la Junta a que se refiera el asiento si no constan en acta notarial, o no se justifica la publicación del correspondiente complemento a la convocatoria, en su caso.

3. La anotación preventiva de la solicitud de acta notarial se cancelará por nota marginal cuando se acredite debidamente la intervención del Notario en la Junta, o cuando hayan transcurrido tres meses desde la fecha de la anotación.
La anotación preventiva de solicitud de un complemento a la convocatoria de una Junta se cancelará por nota marginal cuando se acredite debidamente la publicación de dicho complemento de convocatoria, o hubieran transcurrido tres meses desde la fecha de la anotación.

Artículo 105. Otras actas notariales.
1. Lo dispuesto en esta sección se entiende sin perjuicio de las actas notariales autorizadas para la constatación de determinados hechos acaecidos en las Juntas o Asambleas de socios, que se regirán por las normas generales contenidas en la legislación notarial.

2. No obstante, cuando hubiese sido requerida la presencia de Notario para levantar acta de la Junta o de la Asamblea de socios, no podrá ningún otro Notario prestar sus servicios para constatar los hechos a que se refiere el apartado anterior.

3. Cualquier acta notarial que no sea la regulada en los artículos anteriores no tendrá la consideración de acta de la Junta.

Artículo 106. Libro de actas.
1. La sociedad podrá llevar un libro de actas para cada órgano.

2. Los libros de actas, que podrán ser de hojas móviles, deberán legalizarse por el Registrador Mercantil necesariamente antes de su utilización, en la forma prevista en este Reglamento.

3. No podrá legalizarse un nuevo libro de actas en tanto no se acredite la íntegra utilización del anterior, salvo que se hubiere denunciado la sustracción del mismo o consignado en acta notarial su extravío o destrucción.

Sección III. De la elevación a instrumento público y del modo de acreditar los acuerdos sociales

Artículo 107. Elevación a instrumento público de los acuerdos sociales.

1. La elevación a instrumento público de los acuerdos de la Junta o Asamblea general o especial y de los acuerdos de los órganos colegiados de administración, podrá realizarse tomando como base el acta o libro de actas, testimonio notarial de los mismos o certificación de los acuerdos. También podrá realizarse tomando como base la copia autorizada del acta, cuando los acuerdos constaren en acta notarial.

2. En la escritura de elevación a público del acuerdo social deberán consignarse todas las circunstancias del acta que sean necesarias para calificar la validez de aquél. En su caso, el Notario testimoniará en la escritura el anuncio de convocatoria publicado o protocolizará testimonio notarial del mismo.

Artículo 108. Personas facultadas para la elevación a instrumento público.

1. La elevación a instrumento público de los acuerdos sociales corresponde a la persona que tenga facultad para certificarlos.
Las decisiones del socio único, consignadas en acta bajo su firma o la de su representante, podrán ser ejecutadas y formalizadas por el propio socio o por los administradores de la sociedad.

2. También podrá realizarse por cualquiera de los miembros del órgano de administración con nombramiento vigente e inscrito en el Registro Mercantil, cuando hubieren sido expresamente facultados para ello en la escritura social o en la reunión en que se hayan adoptado los acuerdos.

3. La elevación a instrumento público por cualquier otra persona requerirá el otorgamiento de la oportuna escritura de poder, que podrá ser general para todo tipo de acuerdos en cuyo caso deberá inscribirse en el Registro Mercantil. Este procedimiento no será aplicable para elevar a públicos los acuerdos sociales cuando se tome como base para ello el acta o testimonio notarial de la misma.

4. Cuando se hubiere cerrado el Registro Mercantil por falta del depósito de cuentas, quien eleve a instrumento público los acuerdos sociales manifestará esta circunstancia en la escritura.

Artículo 109. Facultad de certificar.

1. La facultad de certificar las actas y los acuerdos de los órganos colegiados de las sociedades mercantiles corresponde:

   1. Al Secretario y, en su caso, al Vicesecretario del órgano colegiado de administración, sea o no administrador. Las certificaciones se emitirán siempre con el Visto Bueno del Presidente o, en su caso, del Vicepresidente de dicho órgano.
   2. Al administrador único, o a cualquiera de los administradores solidarios.
   3. A los administradores que tengan el poder de representación en el caso de administración conjunta.

   Será de aplicación a los liquidadores lo dispuesto en este apartado para los administradores.

2. En los casos previstos en el apartado anterior, será necesario que las personas que expidan la certificación tengan su cargo vigente en el momento de la expedición. Para la inscripción de los acuerdos contenidos en la certificación deberá haberse inscrito, previa o simultáneamente, el cargo del certificante.

3. La facultad de certificar las actas en las que se consignen las decisiones del socio único corresponderá a éste o, en la forma dispuesta en el apartado 1, a los administradores de la sociedad con cargo vigente.

4. No se podrán certificar acuerdos que no consten en actas aprobadas y firmadas o en acta notarial.

Artículo 110. Certificación de acuerdos de la Asamblea de obligacionistas.
La facultad de expedir las certificaciones de las actas o los acuerdos de la Asamblea de obligacionistas corresponde al Comisario.

Artículo 111. Certificación expedida por persona no inscrita.
1. La certificación del acuerdo por el que se nombre al titular de un cargo con facultad certificante, cuando haya sido extendida por el nombrado, solo tendrá efecto si se acompañare notificación fehaciente del nombramiento al anterior titular, con cargo inscrito, en el domicilio de éste según el Registro. La notificación quedará cumplimentada y se tendrá por hecha en cualquiera de las formas expresadas en el artículo 202 del Reglamento Notarial.
El Registrador no practicará la inscripción de los acuerdos certificados en tanto no transcurran quince días desde la fecha del asiento de presentación. En este plazo, el titular anterior podrá oponerse a la práctica del asiento, si justifica haber interpuesto querella criminal por falsedad en la certificación o si acredita de otro modo la falta de autenticidad de dicho nombramiento. Si se acredita la interposición de la querella, se hará constar esta circunstancia al margen del último asiento, que se cancelará una vez resuelta la misma, sin que dicha interposición impida practicar la inscripción de los acuerdos certificados.

2. Lo dispuesto en el apartado anterior no será de aplicación cuando se acredite el consentimiento del anterior titular al contenido de la certificación, mediante su firma legitimada en dicha certificación o en documento separado, ni cuando se acredite debidamente la declaración judicial de ausencia o de fallecimiento, la incapacitación o la defunción de aquél.

3. Lo dispuesto en los apartados anteriores será también aplicable a la inscripción del acuerdo de nombramiento de cargo con facultad certificante cuya elevación a público, realizada por el nombrado, haya tenido lugar en virtud de acta o de libro de actas o de testimonio notarial de los mismos.

Artículo 112. Contenido de la certificación.

1. Los acuerdos de los órganos colegiados de las sociedades mercantiles podrán certificarse por transcripción literal o por extracto, salvo que se trate de acuerdos relativos a la modificación de la escritura o de los estatutos sociales, en cuyo caso será preceptiva la transcripción literal del acuerdo. En la certificación se harán constar la fecha y el sistema de aprobación del acta correspondiente o, en su caso, que los acuerdos figuran en acta notarial.

2. Si los acuerdos hubieren de inscribirse en el Registro Mercantil, se consignarán en la certificación todas las circunstancias del acta que sean necesarias para calificar la validez de los acuerdos adoptados.

3. En caso de certificación por extracto, si los acuerdos hubiesen de inscribirse en el Registro Mercantil, se consignarán en ella todas las circunstancias que enumera el artículo 97, con las siguientes particularidades:

> 1. Será suficiente expresar el total capital que representen las acciones de los socios asistentes, o, en su caso, el número de votos que corresponden a sus participaciones, siendo necesario indicar el número de socios únicamente cuando éste sea determinante para la válida constitución de la Junta o Asamblea o para la adopción del acuerdo.
> 2. Si la Junta fuese universal solo será necesario consignar tal carácter y que en el acta figura el nombre y la firma de los asistentes que sean socios o representantes de éstos.
> 3. No será necesario recoger en la certificación el resumen de los asuntos debatidos ni expresar, en su caso, si hubo o no intervenciones u oposiciones.

4. En caso de órganos de administración no será necesario especificar cuántos asistieron personalmente ni cuántos por representación.
5. Se consignará en la certificación que ha sido confeccionada la lista de asistentes, en su caso, así como el medio utilizado para ello.

4. En todo caso, en la certificación deberá constar la fecha en que se expide.

Sección IV. De la inscripción de los acuerdos sociales

Artículo 113. Contenido de la inscripción.
La inscripción de acuerdos sociales expresará, además de las circunstancias generales de los asientos a que se refiere el artículo 37, el contenido específico de los acuerdos, la fecha y el lugar en que fueron adoptados, así como la fecha y modo de aprobación del acta cuando no sea notarial.

Capítulo IV. De la inscripción de las sociedades anónimas

Sección I. De la inscripción de la escritura de constitución

Artículo 114. Circunstancias de la primera inscripción.
1. En la inscripción primera de las sociedades anónimas deberán constar necesariamente las circunstancias siguientes:

1. La identidad del socio o socios fundadores. En el primer caso, en el acta de inscripción se hará una referencia expresa al carácter unipersonal de la sociedad.
En caso de fundación sucesiva, solo se hará constar la identidad de los promotores y de las personas que otorguen la escritura fundacional.
2. La aportación de cada socio, en los términos previstos en los artículos 132 y siguientes, así como las acciones, debidamente identificadas, adjudicadas en pago.
3. La cuantía total, al menos aproximada, de los gastos de constitución.
4. Los estatutos de la sociedad.

5. La identidad de las personas que se encarguen inicialmente de la administración y representación de la sociedad.
6. La identidad de los auditores de cuentas, en su caso.

2. Redacción según Real Decreto 171/2007, de 9 de febrero. Además, se harán constar en la inscripción los pactos y condiciones inscribibles que los socios juzguen convenientes establecer en la escritura o en los estatutos, siempre que no se opongan a las leyes ni contradigan los principios configuradores de la sociedad anónima.
En particular, podrán constar en las inscripciones:

1. Las cláusulas penales en garantía de obligaciones pactadas e inscritas, especialmente si están contenidas en protocolo familiar publicado en la forma establecida en los artículos 6 y 7 del Real Decreto por el que se regula la publicidad de los protocolos familiares.
2. El establecimiento por pacto unánime entre los socios de los criterios y sistemas para la determinación previa del valor razonable de las acciones previstos para el caso de transmisiones inter vivos o mortis causa.
3. El pacto por el que los socios se comprometen a someter a arbitraje las controversias de naturaleza societaria de los socios entre sí y de éstos con la sociedad o sus órganos.
4. El pacto que establezca la obligación de venta conjunta por los socios de las partes sociales de las sociedades que se encuentren vinculadas entre sí por poseer unidad de decisión y estar obligadas a consolidación contable.
5. La existencia de comités consultivos en los términos establecidos en el artículo 124 de este Reglamento.

3. Añadido por Real Decreto 659/2007, de 25 de mayo. Para la inscripción de una sociedad anónima europea se deberá acreditar el cumplimiento de los requisitos y trámites establecidos en cada procedimiento constitutivo, según se trate de constitución mediante fusión, transformación de una sociedad anónima española, constitución de una sociedad anónima europea filial, o de una sociedad anónima europea holding.

En todo caso, en la inscripción se hará constar, además de las circunstancias mencionadas en los apartados precedentes, la existencia de un acuerdo de implicación de los trabajadores conforme a la legislación aplicable, a cuyo efecto se acompañará a la escritura certificación comprensiva de su contenido, expedida por la autoridad laboral competente encargada del Registro a que se refiere el artículo 90 del Estatuto de los Trabajadores. De no existir ese acuerdo, la escritura pública deberá contener la manifestación de los otorgantes, que se hará constar en la inscripción, de que la comisión negociadora ha decidido no iniciar las negociaciones para celebrarlo o dar por terminadas las que se hubiesen iniciado o, en su caso, de que ha transcurrido el plazo legalmente establecido para llegar a un acuerdo sin lograrlo. De existir un acuerdo de implicación de los trabajadores que atribuya a éstos una participación en el nombramiento de los miembros del órgano de administración o control de la sociedad, la parte del acuerdo relativa a tal extremo será inscribible en el Registro Mercantil a solicitud de la sociedad o de los representantes de los trabajadores. En los mismos términos será inscribible la aplicación de las disposiciones de referencia supletorias a tales nombramientos.

Artículo 115. Contenido de los estatutos.

Para su inscripción en el Registro Mercantil, los estatutos de la sociedad anónima deberán expresar las menciones que se recogen en los artículos siguientes.

Artículo 116. Denominación de la sociedad.

1. Redacción según Real Decreto 659/2007, de 25 de mayo. En los Estatutos se consignará la denominación de la sociedad, con la indicación Sociedad Anónima o su abreviatura S. A.. Tratándose de sociedad anónima europea la sigla SE deberá constar delante o detrás de su denominación.

2. La denominación de la sociedad deberá ajustarse además a las previsiones generales contenidas en los artículos 398 y siguientes y a las específicas que, en su caso, determine la legislación especial.

Artículo 117. Objeto social.
1. El objeto social se hará constar en los estatutos determinando las actividades que lo integren.

2. No podrán incluirse en el objeto social los actos jurídicos necesarios para la realización o desarrollo de las actividades indicadas en él.

3. En ningún caso podrá incluirse como parte del objeto social la realización de cualesquiera otras actividades de lícito comercio ni emplearse expresiones genéricas de análogo significado.

Artículo 118. Duración de la sociedad.
1. Los estatutos habrán de contener la duración de la sociedad.

2. Si se fijare un plazo y no se indicare su comienzo, aquél se empezará a contar desde la fecha de la escritura de constitución.

Artículo 119. Comienzo de operaciones.
1. Los estatutos recogerán la fecha o momento en que la sociedad dará comienzo a sus operaciones.

2. No podrá indicarse una fecha anterior a la del otorgamiento de la escritura de constitución, salvo en el caso de transformación en sociedad anónima.

Artículo 120. Domicilio social.
1. En los estatutos se consignará el domicilio de la sociedad, que habrá de radicar en el lugar del territorio español en que se prevea establecer el centro de su efectiva administración y dirección o su principal establecimiento o explotación.

2. Salvo disposición contraria de los estatutos, el órgano de administración será competente para decidir la creación, supresión o traslado de sucursales.

Artículo 121. Capital social.
1. Los estatutos habrán de determinar la cifra del capital social, expresándola en pesetas.

2. Cuando proceda, se hará constar también en los estatutos la parte del valor no desembolsado, así como las circunstancias a que se refiere el artículo 134.

Artículo 122. Acciones.
1. Los estatutos expresarán el número de acciones en que estuviera dividido el capital social, su clase o clases, con expresión del valor nominal, número de acciones y contenido de derechos de cada una de las clases y, cuando dentro de una misma clase existan varias series, el número de acciones de cada serie.

2. Deberá expresarse asimismo si las acciones se representan por medio de títulos o por medio de anotaciones en cuenta. En el caso de que se representen por medio de títulos, se precisará si son nominativos o al portador, la numeración de las acciones que podrá ser general, por clases o series y si se prevé la emisión de títulos múltiples.

3. La circunstancia de haberse imprimido y entregado o depositado los títulos se hará constar por nota al margen de la inscripción correspondiente. El citado asiento se practicará en virtud de certificación expedida por el órgano de administración, con las firmas legitimadas, en la que se identifiquen los títulos que han sido puestos en circulación.

4. Cuando las acciones se representen por medio de anotaciones en cuenta, la designación de la entidad o entidades encargadas de la llevanza del registro contable y la incorporación al mismo de las acciones se hará constar

mediante un asiento de inscripción, en el que se identifican la emisión o emisiones afectadas. Cuando las acciones estuvieran admitidas a cotización en un mercado secundario oficial, la inscripción se practicará mediante certificación expedida por el Servicio de Compensación y Liquidación de Valores. En otro caso el título inscribible estará constituido por certificación del acuerdo del órgano de administración de la sociedad, con firmas legitimadas, unido a la aceptación de la sociedad o agencia de valores, que se acreditará en la forma prevenida en el artículo 142.

Artículo 123. Restricciones a la libre transmisibilidad de acciones.

1. Cuando los estatutos sociales contengan restricciones a la libre transmisibilidad de las acciones, deberán expresar las acciones nominativas a que afectan y el contenido de la restricción.

2. Cuando la transmisibilidad de las acciones se condicione al previo consentimiento o autorización de la sociedad, se expresarán de forma precisa las causas que permitan denegarla. Los estatutos no podrán atribuir a un tercero la facultad de consentir o autorizar la transmisión.

3. Cuando se reconozca un derecho de adquisición preferente en favor de todos los accionistas, de los pertenecientes a una clase, de la propia sociedad o de un tercero, se expresarán de forma precisa las transmisiones en las que existe la preferencia.

4. Podrán inscribirse en el Registro Mercantil las cláusulas estatutarias que prohíban la transmisión voluntaria de las acciones durante un período de tiempo no superior a dos años a contar desde la fecha de constitución de la sociedad.

5. No podrán inscribirse en el Registro Mercantil las restricciones estatutarias por las que el accionista o accionistas que las ofrecieren de modo conjunto queden obligados a transmitir un número de acciones distinto a aquél para el que solicitan la autorización.

6. No podrán inscribirse en el Registro Mercantil las restricciones estatutarias que impidan al accionista obtener el valor real de las acciones.
Queda a salvo lo dispuesto en la legislación especial.

7. Los estatutos podrán establecer que el valor real sea fijado por el auditor de cuentas de la sociedad y, si ésta no lo tuviere, por el auditor que, a solicitud de cualquier interesado, nombre el Registrador Mercantil del domicilio social.

8. Las adquisiciones de acciones que tengan lugar como consecuencia de las adjudicaciones efectuadas a los socios en la liquidación de la sociedad titular de aquéllas, se sujetará al régimen estatutario previsto para la transmisión mortis causa de dichas acciones.

Artículo 124. Administración y representación de la sociedad.
1. En los estatutos se hará constar la estructura del órgano al que se confía la administración, determinando si se atribuye:

1. A un administrador único.
2. A varios administradores que actúen solidariamente.
3. A dos administradores que actúen conjuntamente.
4. A un Consejo de Administración, integrado por un mínimo de tres miembros.

2. En los estatutos se hará constar también a qué administradores se confiere el poder de representación así como su régimen de actuación, de conformidad con las siguientes reglas:

1. En el caso de administrador único, el poder de representación corresponderá necesariamente a éste.
2. En caso de varios administradores solidarios, el poder de representación corresponde a cada administrador, sin perjuicio de las disposiciones

estatutarias o de los acuerdos de la Junta sobre distribución de facultades, que tendrán un alcance meramente interno.

3. En el caso de dos administradores conjuntos, el poder de representación se ejercitará mancomunadamente.

4. Redacción según Real Decreto 171/2007, de 9 de febrero. En el caso de consejo de administración, el poder de representación corresponde al propio consejo, que actuará colegiadamente. No obstante los estatutos podrán atribuir, además, el poder de representación a uno o varios miembros del consejo a título individual o conjunto.

Cuando el consejo, mediante acuerdo de delegación, nombre uno o varios consejeros delegados, se indicará el régimen de actuación.

Además, los estatutos podrán crear un comité consultivo.

Deberá determinarse en los estatutos sociales si la competencia para el nombramiento y revocación del comité consultivo es del consejo de administración o de la junta general; su composición y requisitos para ser titular; su funcionamiento, retribución y número de miembros; la forma de adoptar acuerdos; las concretas competencias consultivas o informativas del mismo así como su específica denominación en la que se podrá añadir, entre otros adjetivos, el término familiar.

También podrá hacerse constar en los estatutos sociales cualquier otro órgano cuya función sea meramente honorífica e incluir en ellos el correspondiente sistema de retribución de los titulares de dicho cargo.

3. En todo caso, se indicará el número de administradores o, al menos, el máximo y el mínimo de éstos, así como el plazo de duración de su cargo y el sistema de retribución, si la tuvieren. Salvo disposición contraria de los estatutos la retribución correspondiente a los administradores será igual para todos ellos.

4. No podrán inscribirse en el Registro Mercantil las enumeraciones de facultades del órgano de administración que sean consignadas en los estatutos.

5. Añadido por Real Decreto 659/2007, de 25 de mayo. Cuando se trate de una sociedad anónima europea, en los estatutos se hará constar el sistema de administración, monista o dual, por el que se opta.
Si se opta por el sistema de administración monista, serán de aplicación las reglas de este artículo.
Si se opta por el sistema de administración dual, se hará constar en los estatutos la estructura del órgano de dirección, así como el plazo de duración en el cargo. En su caso, se hará constar también el número máximo y mínimo de los componentes del consejo de dirección y del consejo de control, así como las reglas para la determinación de su número concreto.

Artículo 125. Fecha de cierre del ejercicio social.
1. Los estatutos fijarán la fecha de cierre del ejercicio social, cuya duración no podrá ser en ningún caso superior al año.

2. A falta de disposición estatutaria, se entenderá que el ejercicio social termina el 31 de diciembre de cada año.

Artículo 126. Funcionamiento de la Junta general.
1. Los estatutos deberán determinar el modo en que la Junta general de accionistas deliberará y adoptará sus acuerdos.

2. Si no se estableciesen requisitos particulares para las Juntas generales extraordinarias y para las especiales, se entenderá que se rigen por las reglas previstas en la Ley y en los estatutos sociales para las generales ordinarias.

3. Si se condicionase el derecho de asistencia a las Juntas a la legitimación anticipada del accionista, se expresarán el modo y el plazo de acreditar la legitimación y, en su caso, la forma de obtener la tarjeta de asistencia.

4. Si se limitase la facultad del accionista de hacerse representar en las Juntas, se expresará el contenido de la limitación.

Artículo 127. Prestaciones accesorias.
En caso de que se establezcan prestaciones accesorias, los estatutos detallarán su régimen, con expresión de su contenido, su carácter gratuito o la forma de su retribución, las acciones que llevan aparejada la obligación de realizarlas, así como las consecuencias de su incumplimiento y las eventuales cláusulas penales aplicables en dicho caso.

Artículo 128. Ventajas de fundadores y promotores.
En caso de que se establezcan derechos especiales en favor de los fundadores o de los promotores de la sociedad, los estatutos detallarán su régimen, con expresión de si se encuentran o no incorporados a títulos nominativos, así como las limitaciones a la libre transmisibilidad de los mismos que pudieran establecerse.

Sección II. De la inscripción de la fundación sucesiva

Artículo 129. Depósito del programa de fundación y del folleto informativo.
1. En la fundación sucesiva los promotores están obligados a presentar para su depósito en el Registro Mercantil del domicilio social previsto, un ejemplar impreso del programa de fundación y del folleto informativo, acompañados del documento acreditativo de su depósito previo ante la Comisión Nacional del Mercado de Valores.

2. Dentro de los quince días siguientes al de la fecha del asiento de presentación, el Registrador calificará bajo su responsabilidad si los documentos presentados y su contenido son los legalmente exigidos y si están suscritos por las personas establecidas por la Ley. Si no apreciare defectos, tendrá por efectuado el depósito, practicando la correspondiente nota en el Diario. En caso contrario, procederá conforme a lo establecido respecto de los títulos defectuosos.

3. Efectuado el depósito, el Registrador Mercantil remitirá el anuncio correspondiente al Registrador Mercantil Central para su inmediata publicación en el Boletín Oficial del Registro Mercantil.

4. Al margen del asiento de presentación y al pie de la copia o copias del programa, si se hubiesen acompañado, se pondrá nota haciendo constar la remisión y el archivo. Esta nota será suficiente para solicitar la legalización del libro de actas.

5. En el anuncio se harán públicos el hecho del depósito de los indicados documentos, la posibilidad de su consulta en la Comisión Nacional del Mercado de Valores o en el propio Registro Mercantil, así como un extracto de su contenido.

Artículo 130. Contenido específico de la escritura de fundación sucesiva.

1. En la fundación sucesiva, el resultado de la suscripción pública se hará constar en la escritura de Constitución por manifestación y bajo la responsabilidad de los comparecientes, a la que se incorporará la certificación del que hubiere actuado como Secretario en la Asamblea constituyente, con el Visto Bueno del Presidente.

2. En la certificación se harán constar la identidad de cada uno de los socios y el número y numeración de las acciones que se les atribuyan, así como la cuantía de su desembolso y las aportaciones dinerarias o no dinerarias efectuadas.

Artículo 131. Restitución de las aportaciones.

Transcurrido un año desde el depósito del programa de fundación en el Registro Mercantil sin haberse procedido a inscribir la escritura de Constitución, el Registrador remitirá al Registrador Mercantil Central, para su inmediata publicación en el Boletín Oficial del Registro Mercantil, un anuncio de que los suscriptores pueden exigir la restitución de las aportaciones realizadas con los frutos que hubieran producido, extendiendo, al margen del asiento de presentación del programa, nota expresiva de la remisión del anuncio.

Artículo 131 bis. Inscripción de la constitución de una sociedad anónima europea holding. Añadido por Real Decreto 659/2007, de 25 de mayo.

1. En la constitución de una sociedad anónima europea holding, en que participen sociedades anónimas y sociedades limitadas españolas, conforme al art. 2 del Reglamento (CE) núm. 2157/2001 del Consejo, de 8 de octubre de 2001, el depósito del proyecto de constitución se regirá por lo establecido en el artículo 226 de este Reglamento.

2. El nombramiento del experto o expertos independientes que hayan de elaborar el informe escrito sobre el proyecto de constitución destinado a los socios de cada una de las sociedades que participen en la misma se regulará por lo establecido en los artículos 338 a 349 de este Reglamento y se practicará previa solicitud de cada sociedad española que promueva la constitución. En caso de informe conjunto, si la sociedad va a ser domiciliada en España será competente para el nombramiento el Registrador correspondiente al futuro domicilio.

3. El derecho de separación de los socios que hubieran votado en contra deberá ejercitarse por escrito en el plazo de un mes a contar desde la fecha del acuerdo de constitución. Si la sociedad anónima europea holding fuera a establecer su domicilio en España, además de los requisitos generales para su constitución, en la escritura se hará constar la declaración de los administradores de que ningún socio ha ejercitado su derecho de separación en las sociedades domiciliadas en España o, en caso contrario, la declaración de los administradores de la que resulte el reembolso de las acciones correspondientes y los datos de identidad de los accionistas que ejercitaron tal derecho, previa amortización de aquellas y reducción del capital social.

Sección III. De las aportaciones

Artículo 132. Aportaciones dinerarias.

1. Cuando la aportación fuese dineraria, en la escritura de constitución y de aumento del capital, así como en las escrituras en las que consten los sucesivos desembolsos, el Notario dará fe de que se le ha exhibido y entregado la certificación del depósito de las correspondientes cantidades a nombre de la sociedad en una entidad de crédito, certificación que el Notario incorporará a la escritura. A estos efectos, la fecha del depósito no podrá ser anterior en más de dos meses a la de la escritura de constitución o a la del acuerdo de aumento de capital.

2. No será necesaria la indicación de las circunstancias anteriores en el caso de que se haya entregado el dinero al Notario autorizante para que éste constituya el depósito a nombre de la sociedad. La solicitud de constitución del depósito se consignará en la escritura.
En el plazo de cinco días hábiles, el Notario constituirá el depósito en una entidad de crédito, haciéndolo constar así en la escritura matriz por medio de diligencia separada.

Artículo 133. Aportaciones no dinerarias.

1. Cuando la aportación fuese no dineraria, se describirán en la escritura los bienes o derechos objeto de la aportación, con indicación de sus datos registrales, si los tuviera, el título o concepto de la aportación así como el valor de cada uno de ellos.
Si se tratase de la aportación de una empresa o establecimiento comercial, industrial o de servicios, se describirán en la escritura los bienes y derechos registrables y se indicará el valor del conjunto o unidad económica objeto de aportación. Los restantes bienes podrán relacionarse en inventario, que se incorporará a la escritura.

2. El informe exigido para el caso de aportaciones no dinerarias se incorporará a la escritura de constitución de la sociedad o a la de aumento del

capital social, depositándose testimonio notarial del mismo en el Registro Mercantil.
En la inscripción se hará constar el nombre del experto que lo haya elaborado, las circunstancias de su designación, la fecha de emisión del informe y si existen diferencias entre el valor atribuido por el experto a cada uno de los bienes objeto de aportación no dineraria y el que a los mismos se le atribuya en la escritura. El Registrador denegará la inscripción cuando el valor escriturado supere el valor atribuido por el experto en más de un 20 %.
La misma regla será de aplicación en los casos de transformación, fusión y escisión cuando se requiera la emisión de informe por parte de experto independiente.

3. Cuando se aporten valores mobiliarios admitidos a cotización en mercado secundario oficial, el Registrador Mercantil podrá designar como experto a la Sociedad Rectora de la Bolsa de Valores en que aquéllos estén admitidos a cotización, que emitirá una certificación relativa al valor de los mismos.
La certificación de la sociedad rectora expresará los extremos que se especifican en el artículo 38 de la Ley de Sociedades Anónimas y tendrá el valor de informe a que se refiere el citado artículo.

Artículo 134. Desembolsos pendientes.
1. Cuando no se desembolsare íntegramente el capital suscrito, se indicará en la escritura de constitución o de aumento de capital social si los desembolsos pendientes se efectuarán en metálico o mediante aportaciones no dinerarias.

2. En este último caso se determinarán la naturaleza, valor y contenido de las futuras aportaciones, así como la forma y el procedimiento de efectuarlas, con mención expresa del plazo, que no podrá exceder de cinco años, computados desde la constitución de la sociedad o, en su caso, desde el respectivo acuerdo de aumento del capital.
Salvo disposición en contrario, si llegado el momento de efectuar la aportación no dineraria ésta hubiera devenido imposible, se satisfará su valor en dinero.

3. En el caso de que los desembolsos pendientes hayan de efectuarse en metálico, se determinará la forma y el plazo máximo en que hayan de satisfacerse los dividendos pasivos.

Artículo 135. Sucesivos desembolsos.

1. Los sucesivos desembolsos del capital social se inscribirán mediante escritura pública en la que se declare el desembolso efectuado, con expresión del objeto de la aportación, de su valor y de la consiguiente liberación total o parcial de cada una de las acciones a que afecte, acompañando asimismo los documentos justificativos de la realidad de los desembolsos, en los términos a que se refieren los artículos anteriores.

2. En la inscripción no será necesario hacer constar la identidad de quienes hayan satisfecho los dividendos pasivos, salvo que éstos no se satisfagan en dinero.

Sección IV. De la inscripción del acta de firma de los títulos de las acciones

Artículo 136. Firma de los títulos de las acciones.

La firma de las acciones por uno o varios administradores de la sociedad podrá ser autógrafa o reproducirse por medios mecánicos. En este último caso, antes de la puesta en circulación de los títulos, deberá inscribirse en el Registro Mercantil el acta notarial por la que se acredite la identidad de las firmas reproducidas mecánicamente con las que se estampen en presencia del Notario.

Artículo 137. Acta notarial de identidad de firmas.

1. El acta notarial a que se refiere el artículo anterior deberá expresar, al menos, las circunstancias siguientes:

   1. El acuerdo o decisión de los administradores de utilizar dicho procedimiento, y la designación de quién o quiénes deban firmar.

2. La manifestación del administrador o de los administradores requirentes de que todas las acciones que han de ser objeto de la firma, cuyas clases y números indicarán, son idénticas al prototipo de los títulos que entregan al Notario.
3. La legitimación por el Notario de las firmas reproducidas mecánicamente en el prototipo. El prototipo se protocolizará con el acta notarial.

2. El prototipo antes expresado podrá ser sustituido por fotocopia de uno de los títulos, en la que se hará constar por el Notario diligencia de cotejo con su original.

Sección V. Del nombramiento y cese de los administradores

Artículo 138. Circunstancias de la inscripción del nombramiento de administradores.

En la inscripción del nombramiento de los administradores se hará constar la identidad de los nombrados, la fecha del nombramiento así como el plazo y el cargo para el que, en su caso, hubiese sido nombrado el miembro del Consejo de Administración.

Artículo 139. Nombramiento por cooptación.

La inscripción de un acuerdo del Consejo de Administración relativo al nombramiento por cooptación de uno o varios miembros del Consejo deberá contener, además de las circunstancias a que se refiere el artículo anterior, la indicación del número de vacantes existentes antes de haber ejercitado el Consejo de Administración la facultad de cooptación y el nombre y apellidos del anterior titular, el plazo para el que había sido nombrado, la fecha en que se hubiera producido la vacante y su causa.

Artículo 140. Nombramiento por el sistema proporcional.

La inscripción del nombramiento de un miembro del Consejo de Administración por el sistema de representación proporcional deberá expresar, además de las indicaciones a que se refiere el artículo 138, esa circunstancia, mencionando las acciones agrupadas con las que se hubiera formado el correspondiente cociente, su valor nominal, clase y serie, si existieran varias, y la numeración de las mismas.

Artículo 141. Aceptación del nombramiento.

1. El nombramiento de los administradores se inscribirá a medida en que se vaya produciendo la aceptación de cada uno de los designados, pero el órgano de administración no quedará válidamente constituido mientras no hayan aceptado un número de administradores que permita su actuación efectiva.

2. La fecha de la aceptación no podrá ser anterior a la del nombramiento.

Artículo 142. Título inscribible.

1. La inscripción del nombramiento de administradores podrá practicarse mediante certificación del acta de la Junta General o, en su caso, del Consejo de Administración en que fueron nombrados, expedida en debida forma y con las firmas legitimadas notarialmente, por testimonio notarial de dicha acta o mediante copia autorizada del acta notarial a que se refieren los artículos 101 y siguientes.
Si el nombramiento y la aceptación no se hubiesen documentado simultáneamente, deberá acreditarse esta última, bien en la forma indicada en el párrafo anterior, bien mediante escrito del designado con firma notarialmente legitimada.

2. También podrá inscribirse el nombramiento mediante escritura pública que acredite las circunstancias del nombramiento y de la aceptación.

Artículo 143. Nombramiento de administrador persona jurídica.

1. En caso de administrador persona jurídica, no procederá la inscripción del nombramiento en tanto no conste la identidad de la persona física que aquélla haya designado como representante suyo para el ejercicio de las funciones propias del cargo.

2. En caso de reelección del administrador persona jurídica, el representante anteriormente designado continuará en el ejercicio de las funciones propias del cargo, en tanto no se proceda expresamente a su sustitución.

Artículo 144. Plazo para el ejercicio del cargo.
En la inscripción del nombramiento de los administradores se indicará el plazo para el que, de acuerdo con las normas legales o estatutarias, hubiesen sido designados.

Artículo 145. Caducidad del nombramiento.
1. El nombramiento de los administradores caducará cuando, vencido el plazo, se haya celebrado la Junta General siguiente o hubiese transcurrido el término legal para la celebración de la Junta que deba resolver sobre la aprobación de cuentas del ejercicio anterior.

2. La inscripción del nombramiento de administradores por el Consejo de Administración mediante cooptación de entre los accionistas, caducará cuando haya concluido la celebración de la Junta General, inmediatamente siguiente al nombramiento, sin que conste en el Registro la aprobación por dicha Junta del nombramiento del administrador cooptado.

3. El Registrador hará constar la caducidad, mediante nota marginal, cuando deba practicar algún asiento en la hoja abierta a la sociedad o se hubiera solicitado certificación.

Artículo 146. Continuidad de cargos del Consejo de Administración.
1. Salvo disposición contraria de los estatutos, el Presidente, los Vicepresidentes y, en su caso, el Secretario y Vicesecretarios del Consejo de Administración que sean reelegidos miembros del Consejo por acuerdo de la Junta General, continuarán desempeñando los cargos que ostentaran con anterioridad en el seno del Consejo sin necesidad de nueva elección y sin perjuicio de la facultad de revocación que respecto de dichos cargos corresponde al órgano de administración.

2. La anterior regla no se aplicará a los Consejeros Delegados ni a los miembros de las comisiones ejecutivas.

Artículo 147. Dimisión y cese de administradores. Administradores suplentes.

1.

1. La inscripción de la dimisión de los administradores se practicará mediante escrito de renuncia al cargo otorgado por el administrador y notificado fehacientemente a la sociedad, o en virtud de certificación del acta de la Junta General o del Consejo de Administración, con las firmas legitimadas notarialmente, en la que conste la presentación de dicha renuncia.
2. En el documento en virtud del cual se practique la inscripción de la dimisión del administrador deberá constar la fecha en que ésta se haya producido.
3. La inscripción del cese de los administradores por fallecimiento o por declaración judicial de fallecimiento, se practicará a instancia de la sociedad o de cualquier interesado en virtud de certificación del Registro Civil.

2.

1. Salvo disposición contraria de los estatutos, podrán ser nombrados uno o varios suplentes para el caso de que cesen por cualquier causa uno o varios administradores determinados o todos ellos. Los suplentes habrán de reunir en el momento de su designación los requisitos legal o estatutariamente previstos para ser nombrado administrador.
2. En este caso, en la inscripción del nombramiento de administradores, se expresará la identidad de los suplentes y, si hubiesen sido designados varios, el orden en que habrán de cubrir las vacantes que puedan producirse. No se practicará la inscripción en tanto no conste la aceptación de los suplentes como tales.

3. El nombramiento y aceptación de los suplentes como administradores se inscribirán en el Registro Mercantil, de conformidad con las reglas generales, una vez que conste inscrito el cese del anterior titular. Si los estatutos establecen un plazo determinado de duración del cargo de administrador, el suplente desempeñará el cargo por el período pendiente de cumplir por la persona cuya vacante se cubra.

Artículo 148. Separación de administradores.

La inscripción de la separación de los administradores se practicará, según su causa, en virtud de los documentos siguientes:

1. Si la separación hubiera sido acordada por la Junta General o se produjera como consecuencia del acuerdo de promover o de transigir la acción social de responsabilidad, mediante cualquiera de los documentos a que se refiere el artículo 142.

2. Si la separación hubiese sido acordada por resolución judicial firme, mediante testimonio de la misma.

Sección VI. Del nombramiento y cese de los consejeros delegados y miembros de la comisión ejecutiva

Artículo 149. Inscripción de la delegación de facultades.

1. La inscripción de un acuerdo del Consejo de Administración relativo a la delegación de facultades en una Comisión Ejecutiva o en uno o varios Consejeros Delegados y al nombramiento de estos últimos, deberá contener bien la enumeración particularizada de las facultades que se delegan, bien la expresión de que se delegan todas las facultades legal y estatutariamente delegables. En el supuesto de que se nombren varios Consejeros Delegados, deberá indicarse qué facultades se ejercerán solidariamente y cuáles en forma mancomunada o, en su caso, si todas las facultades que se delegan deben ejercerse en una u otra forma.

2. Las facultades concedidas con el carácter de delegables por la Junta General al Consejo solo podrán delegarse por éste si se enumeran expresamente en el acuerdo de delegación.

3. El ámbito del poder de representación de los órganos delegados será siempre el que determina el artículo 129 de la Ley de Sociedades Anónimas en relación con los administradores.

Artículo 150. Aceptación de la delegación.
La inscripción del acuerdo de delegación de facultades del Consejo de Administración y del nombramiento de los Consejeros Delegados o de los miembros de la Comisión Ejecutiva no podrá practicarse en tanto no conste la aceptación de las personas designadas para desempeñar dichos cargos.

Artículo 151. Título inscribible de la delegación.
1. La inscripción del acuerdo de delegación de facultades del Consejo de Administración y de nombramiento de los Consejeros Delegados o de miembros de la Comisión Ejecutiva, así como de los acuerdos posteriores que los modificaren, se practicarán en virtud de escritura pública.

2. La aceptación de la delegación no consignada en la escritura, los acuerdos que revoquen la delegación de facultades concedida, así como la renuncia de los delegados, podrán inscribirse asimismo en virtud de los documentos a que se refieren los artículos 142 y 147.

Artículo 152. Efectos de la inscripción.
Inscrita la delegación, sus efectos en relación con los actos otorgados desde la fecha de nombramiento se retrotraerán al momento de su celebración.

Sección VII. Del nombramiento y cese de los auditores de cuentas

Artículo 153. Nombramiento de auditores de cuentas.

1. En la inscripción del nombramiento de los auditores de cuentas de la sociedad, tanto titulares como suplentes, se hará constar su identidad, así como la fecha y el plazo para el que hubieran sido nombrados.

2. En el caso de que hubieran sido nombrados por el Juez o por el Registrador Mercantil, se hará constar así expresamente, indicando la persona que hubiera solicitado el nombramiento y las circunstancias en que se fundaba su legitimación.

3. Para la inscripción de la revocación del auditor efectuada por la Junta General antes de que finalice el período para el cual fue nombrado, será suficiente que se exprese que ha mediado justa causa.

Artículo 154. Régimen supletorio del nombramiento e inscripción.

En lo no previsto en el artículo anterior y en la medida en que resulte compatible, será de aplicación a los auditores de cuentas lo dispuesto en los artículos 138 y siguientes de este Reglamento.

Sección VIII. De la anotación preventiva de la demanda de impugnación de los acuerdos sociales y de la suspensión de los acuerdos

Artículo 155. Anotación preventiva de la demanda de impugnación de los acuerdos sociales.

1. La anotación preventiva de la demanda de impugnación de acuerdos sociales adoptados por la Junta o por el Consejo de Administración se practicará cuando, previa solicitud del demandante y con audiencia de la sociedad demandada, el Juez, a su prudente arbitrio, así lo ordenare.

2. El Juez, a instancia de la sociedad demandada, podrá supeditar la adopción de la medida a la prestación por parte del demandante de una caución adecuada a los daños y perjuicios que puedan causarse.

Artículo 156. Cancelación de la anotación preventiva de la demanda de impugnación.

1. La anotación preventiva de la demanda de impugnación de acuerdos sociales se cancelará cuando ésta se desestime por sentencia firme, cuando el demandante haya desistido de la acción o cuando haya caducado la instancia.

2. El testimonio judicial de la sentencia firme que declare la nulidad de todos o alguno de los acuerdos impugnados, será título suficiente para la cancelación de la anotación preventiva, de la inscripción de dichos acuerdos y de la de aquellos otros posteriores que fueran contradictorios con los pronunciamientos de la sentencia.

Artículo 157. Anotación preventiva de la suspensión de los acuerdos impugnados.

1. La anotación preventiva de las resoluciones judiciales firmes que ordenen la suspensión de acuerdos impugnados, inscritos o inscribibles, se practicará, sin más trámites, a la vista de aquéllas.

2. La anotación preventiva de la suspensión de acuerdos se cancelará en los mismos casos que la relativa a la demanda de impugnación de los acuerdos sociales.

Sección IX. De la inscripción de la modificación de los estatutos sociales

Artículo 158. Escritura de la modificación estatutaria.

1. Para su inscripción, la escritura pública de modificación de los estatutos sociales deberá contener, además de los requisitos de carácter general, los siguientes:

1. La transcripción literal de la propuesta de modificación.
2. La manifestación de los otorgantes de que ha sido emitido el preceptivo informe justificando la modificación y su fecha.
3. La transcripción literal de la nueva redacción de los artículos de los estatutos sociales que se modifican o adicionan, así como, en su caso, la expresión de los artículos que se derogan o sustituyen.

2. Lo dispuesto en los párrafos 1 y 2 del apartado anterior no será de aplicación a los acuerdos adoptados en Junta Universal.

3. Cuando la modificación implique nuevas obligaciones para los accionistas o afecte a sus derechos individuales no podrá inscribirse la escritura de modificación sin que conste en ella o en otra independiente el consentimiento de los interesados o afectados, o resulte de modo expreso dicho consentimiento del acta del acuerdo social pertinente la cual deberá estar firmada por aquéllos.

Artículo 159. Escritura de modificación perjudicial para una clase de acciones.

1. Cuando se trate de una modificación que lesione directa o indirectamente los derechos de una clase de acciones, se expresará en la escritura que la modificación ha sido acordada, además de por la Junta General, por la mayoría de los accionistas pertenecientes a la clase afectada, bien en Junta especial, bien en votación separada en la Junta General.

2. Si el acuerdo hubiera sido adoptado en Junta especial, se incluirán los datos relativos a su convocatoria y constitución, expresando la identidad del Presidente y del Secretario.

3. Si el acuerdo hubiera sido adoptado en votación separada, se indicarán el número de accionistas pertenecientes a la clase afectada que hubieran concurrido a la Junta General, así como el importe del capital social de los

concurrentes, el acuerdo o los acuerdos de la clase afectada y la mayoría con que en cada caso se hubieran adoptado.

Artículo 160. Inscripción de la sustitución del objeto y de la transferencia del domicilio social al extranjero.

1. La inscripción de la sustitución del objeto o de la transferencia al extranjero del domicilio social, solo podrá practicarse cuando, además de los requisitos señalados en los artículos 158 y 163, conste en la escritura pública la declaración de los administradores de que ningún accionista ha hecho uso del derecho de separación o, en su caso, de que han sido reembolsadas las acciones de quienes lo hubieren ejercitado o ha sido consignado su importe, con expresión del precio reembolsado por acción, previa reducción del capital social mediante amortización de las acciones.

2. En la inscripción de la transferencia al extranjero del domicilio social se harán constar, además, los datos relativos al convenio internacional en que se funda el acuerdo y a su ratificación, con expresión de la fecha y número del Boletín Oficial del Estado en que se hubieran publicado el texto del convenio y el instrumento de ratificación.

Artículo 160 bis. Inscripción del traslado del domicilio de una sociedad anónima europea a otro Estado miembro. Añadido por Real Decreto 659/2007, de 25 de mayo.

1. En el traslado de domicilio de una sociedad anónima europea domiciliada en España a otro Estado miembro de la Unión Europea, el Registrador del domicilio social, una vez que tenga por efectuado el depósito del proyecto de traslado, lo comunicará, en el plazo de cinco días, al Ministerio de Justicia, a la Comunidad Autónoma donde la sociedad anónima tenga su domicilio social y, en su caso, a la autoridad de vigilancia correspondiente. Dicha comunicación se hará constar por nota marginal en la hoja abierta a la sociedad.

2. El Gobierno, o en su caso la autoridad de vigilancia correspondiente, notificarán al Registrador la oposición en cuanto se haya aprobado dicho

acuerdo y como máximo en el plazo de dos meses a que se refiere el artículo 316.3 de la Ley de Sociedades Anónimas. El Registrador hará constar esta circunstancia por nota marginal y denegará la expedición de la certificación a que se refiere el artículo 315 de dicha Ley.

3. En la escritura pública de traslado deberá constar la declaración de los administradores de que ningún accionista ha ejercitado su derecho de separación, ni ningún acreedor su derecho de oposición. Caso contrario, el derecho de separación se recogerá mediante la declaración de los administradores de la que resulte el reembolso de las acciones correspondientes y los datos de identidad de los accionistas que ejercitaron tal derecho, previa amortización de aquellas y reducción del capital social. Y el derecho de oposición de los acreedores se recogerá mediante declaración de los administradores en la que conste la identidad de quienes se hubieren opuesto, el importe de su crédito y las garantías que hubiese prestado la sociedad. Todas estas circunstancias se harán constar en la inscripción.

4. El Registrador, a la vista de los datos obrantes en el Registro y en la escritura pública de traslado presentada, acreditado el cumplimiento de lo dispuesto en los párrafos anteriores y practicadas las correspondientes operaciones registrales, expedirá la certificación a que se refiere el artículo 315 de la Ley de Sociedades Anónimas, y extenderá la diligencia contemplada en el artículo 20.4 de este Reglamento.

5. Una vez recibida por el Registrador la certificación de haber quedado inscrita la sociedad anónima europea en el Registro correspondiente al nuevo domicilio social, extenderá la inscripción de cierre de la hoja registral.

Artículo 161. Reducción del capital a causa de sustitución del objeto o de la transferencia del domicilio social al extranjero.
1. En el acuerdo de la Junta General de sustitución del objeto o de transferencia al extranjero del domicilio social, se entenderá comprendido el de reducción del capital social en la medida necesaria para el reembolso de

las acciones de quienes hubiesen ejercitado el derecho de separación de la sociedad.

2. Redacción según Real Decreto 659/2007, de 25 de mayo. Cuando algún accionista hubiere ejercitado el derecho de separación dentro del plazo legal, los administradores de la sociedad, una vez transcurrido dicho plazo, publicarán el acuerdo de reducción del capital social en el Boletín Oficial del Registro Mercantil y en un periódico de gran circulación en la provincia en que la sociedad tuviera su domicilio.
En el caso de que los acreedores hubieran ejercitado el derecho de oposición, no podrán reembolsarse las acciones hasta tanto la sociedad no preste las garantías oportunas.

Artículo 162. Inscripción de la reducción de capital derivada del derecho de separación.
En los supuestos contemplados en el artículo anterior, si se ha ejercitado el derecho de separación y se ha producido el consiguiente reembolso de las acciones, la inscripción de la sustitución del objeto o de la transferencia del domicilio al extranjero deberá practicarse simultáneamente a la de reducción del capital social, rigiéndose ésta por sus reglas específicas.

Artículo 163. Inscripción del cambio de denominación o de domicilio, o de cualquier modificación del objeto social.
1. Redacción según Real Decreto 659/2007, de 25 de mayo. Para la inscripción en el Registro Mercantil del cambio de denominación, del cambio de domicilio, incluido el traslado dentro del mismo término municipal, o de cualquier modificación del objeto social, se acreditará en la escritura de publicación del correspondiente anuncio en un diario de gran circulación en la provincia o provincias respectivas.

2. Una vez inscrito en el Registro Mercantil, el cambio de denominación se hará constar en los demás registros por medio de notas marginales.

Artículo 164. Circunstancias de la inscripción.

En la inscripción de cualquier modificación estatutaria se hará constar, además de las circunstancias generales, la nueva redacción dada a los artículos de los estatutos que se modifican o adicionan, así como, en su caso, la expresión de los que se derogan o sustituyen.

Sección X. De la inscripción del aumento y la reducción del capital social

Artículo 165. Inscripción de la modificación del capital.

1. El aumento o la reducción de capital se inscribirán en el Registro Mercantil en virtud de escritura pública en la que consten los correspondientes acuerdos y los actos relativos a su ejecución.

2. En ningún caso podrán inscribirse acuerdos de modificación del capital que no se encuentren debidamente ejecutados.

Artículo 166. Escritura de aumento del capital social.

1. Para su inscripción, en la escritura pública de aumento deberá expresarse, además de los requisitos de carácter general, la cuantía en que se ha acordado elevar la cifra del capital social, con indicación de si el aumento se realiza por emisión de nuevas acciones o por elevación del valor nominal de las ya existentes, así como el contenido del contravalor.

2. Si el aumento del capital social se realiza por emisión de nuevas acciones, la escritura deberá contener, además, las indicaciones siguientes:

> 1. La identificación de las acciones, de conformidad con las reglas contenidas en el artículo 122.
> 2. Las condiciones acordadas para el ejercicio del derecho de suscripción preferente por parte de los accionistas y, en su caso, por los titulares de obligaciones convertibles, con expresión de la relación de cambio, el plazo de suscripción y la forma de ejercitar el derecho. Se consignarán además la cuantía y las condiciones de desembolso así como, si procediera, las circunstancias previstas por el artículo 134.

En el caso de que, entre las condiciones del aumento, se hubiera previsto la posibilidad de una suscripción incompleta, se indicará así expresamente.

Cuando no exista derecho de suscripción preferente, así como en los casos de renuncia individual al ejercicio de este derecho por parte de todos o de algunos accionistas o titulares de obligaciones convertibles, y en los de supresión total o parcial del mismo por acuerdo de la Junta General, se indicará expresamente.

Si la Junta General hubiera acordado la supresión total o parcial del derecho de suscripción preferente deberá hacerse constar manifestación de que ha sido oportunamente elaborada la memoria prevista por la Ley y emitido el preceptivo informe por el auditor de cuentas, con expresión del nombre del auditor y de la fecha de su informe.

3. La prima de emisión, si se hubiera acordado, con expresión de su cuantía por cada nueva acción que se emite.

3. Si el aumento del capital social se realiza por aumento del valor nominal de las acciones, se expresará en la escritura pública que todos los accionistas han prestado su consentimiento a esta modalidad de aumento, salvo que se haga íntegramente con cargo a reservas o beneficios de la sociedad. Además, se consignarán la cuantía y las condiciones del desembolso, así como, si procediera, las circunstancias a que se refiere el artículo 134.

4. En la escritura se expresará además:

1. Que el aumento acordado ha sido íntegramente suscrito, desembolsado en los términos previstos y adjudicadas las acciones a los suscriptores o, en su caso, que la suscripción ha sido incompleta, indicando la cuantía de la misma.

2. Que el pago de la prima, si se hubiere acordado, ha sido íntegramente satisfecho en el momento de la suscripción.

3. La manifestación de los administradores de que se ha cumplimentado lo dispuesto en el artículo 160 de la Ley de Sociedades Anónimas y,

cuando sea preceptivo, todos los trámites previstos en el artículo 26 de la Ley 24/1988, de 28 de julio, del Mercado de Valores.
4. La nueva redacción de los artículos de los estatutos sociales relativos a la cifra del capital social y a las acciones, con las indicaciones a que se refieren los artículos 121 y 122.
5. Para su inscripción, las menciones relativas al acuerdo de aumento y a su ejecución, contempladas respectivamente en los apartados 1 a 4 de este artículo, podrán consignarse en escrituras separadas.

Artículo 167. Capital autorizado.
1. En la escritura pública otorgada por los administradores en uso de la facultad de aumentar el capital delegada por la Junta General, se expresarán, además de las circunstancias a que se refiere el artículo anterior, el contenido íntegro del acuerdo de delegación, la cuantía dispuesta respecto del límite de la delegación y la que queda por disponer.

2. En todo caso se entenderá que la delegación subsiste en sus propios términos mientras no haya expirado el plazo fijado, aunque cambien los administradores y aunque la Junta acuerde con posterioridad a la delegación uno o varios aumentos del capital social.

Artículo 168. Clases de contravalor del aumento del capital social.
1. Cuando el contravalor consista en aportaciones dinerarias, la escritura pública deberá expresar que las acciones anteriormente emitidas se encuentran totalmente desembolsadas o, en su caso, que la cantidad pendiente de desembolso no excede del 3 % del capital social.
Las sociedades de seguros indicarán si las acciones anteriormente emitidas se encuentran o no totalmente desembolsadas, y en este último caso expresarán la parte pendiente de desembolso.

2. Cuando el contravalor consista total o parcialmente en aportaciones no dinerarias, se observará lo dispuesto en los artículos 133 y 134 de este Reglamento.

3. Cuando el contravalor consista en la compensación de créditos contra la sociedad, la escritura pública deberá expresar el nombre del acreedor o acreedores y la fecha en que fue contraído el crédito o créditos así como, en su caso, el documento en el que conste que el crédito es líquido y exigible o que, al menos, un 25 % de los créditos a compensar son líquidos, vencidos y exigibles y que el vencimiento de los restantes no es superior a cinco años. La certificación del auditor se incorporará a la escritura pública, haciéndose constar en la inscripción el nombre del auditor, la fecha de la certificación y que en ésta se declara que resultan exactos los datos relativos a los créditos aportados.

4. Cuando el contravalor consista en la transformación de reservas o de beneficios que ya figuraban en el patrimonio social, la escritura pública deberá expresar que el aumento se ha realizado en base a un balance verificado y aprobado, con indicación de la fecha del mismo así como del nombre del auditor y la fecha de la verificación.
El balance, junto con el informe del auditor, se incorporará a la escritura, haciéndose constar en la inscripción el nombre del auditor y las fechas de verificación y aprobación del balance.

Artículo 169. Circunstancias de la inscripción del aumento de capital.
En la inscripción del aumento de capital, además de las circunstancias generales, se hará constar:

1. El importe del aumento.

2. La identificación de las nuevas acciones o el incremento de valor nominal experimentado por las antiguas.

3. La nueva redacción de los artículos de los estatutos relativos al capital y a las acciones, con las indicaciones a que se refieren los artículos 121 y 122.

Artículo 170. Escritura de reducción del capital social.

1. Para su inscripción, en la escritura pública de reducción del capital se consignarán, además de los requisitos de carácter general, la finalidad de la reducción, la cuantía de la misma, el procedimiento mediante el cual la sociedad ha de llevarla a cabo, el plazo de ejecución y, en su caso, la suma que haya de abonarse a los accionistas.

2. Si se hubiere acordado la reducción del capital social mediante la amortización de acciones y la medida no afectase por igual a todas ellas, la escritura pública deberá expresar asimismo que la reducción ha sido acordada, además de por la Junta General, por la mayoría de los accionistas afectados, conforme a lo establecido en el artículo 159.

3. Redacción según Real Decreto 659/2007, de 25 de mayo. En la escritura se expresará, además, la fecha de publicación del acuerdo en el Boletín Oficial del Registro Mercantil y se presentará en el Registro Mercantil un ejemplar del diario en que se hubiera publicado dicho anuncio o copia del mismo.

4. Cuando la Ley reconozca a los acreedores el derecho de oposición, en la escritura habrá de constar también la declaración de que ningún acreedor ha ejercitado su derecho o, en otro caso, la identificación de quienes se hubieran opuesto, el importe de sus créditos y la indicación de haber sido prestada garantía a satisfacción del acreedor o, en su caso, de haberle sido notificada a éste la prestación de la fianza a que se refiere el artículo 166 de la Ley de Sociedades Anónimas.
Si la sociedad hubiere satisfecho los créditos se consignará así expresamente.

5. Cuando la reducción de capital hubiera tenido por finalidad la devolución de aportaciones, se hará constar en la escritura la declaración de los otor-

gantes de que se han satisfecho a los accionistas afectados los reembolsos correspondientes.

6. En todo caso, la escritura expresará la nueva redacción de los artículos de los estatutos sociales relativos a la cifra del capital y a las acciones, con las indicaciones a que se refieren los artículos 121 y 122.

7. Las menciones relativas al acuerdo y a su ejecución podrán consignarse en escrituras separadas.

Artículo 171. Modalidades especiales de reducción del capital.
1. Si se hubiere acordado la reducción del capital social mediante amortización de las acciones por adquisición ofrecida a los accionistas, en la escritura se indicará el Boletín Oficial del Registro Mercantil en que se hubiera publicado el anuncio de la propuesta de compra y se presentarán en el Registro Mercantil los ejemplares de los periódicos en que se hubiera publicado o copia de los mismos.

2. Si se hubiera acordado la reducción del capital social para restablecer el equilibrio entre el capital y el patrimonio de la sociedad, disminuido por consecuencia de pérdidas, o con la finalidad de constituir o incrementar la reserva legal o las reservas voluntarias, la escritura pública deberá expresar que la reducción se ha realizado con base en un balance verificado y aprobado, indicando el nombre del auditor y la fecha de la verificación.
El balance, junto con el informe del auditor, se incorporará a la escritura, haciéndose constar en la inscripción el nombre del auditor y las fechas de verificación y aprobación del balance.

Artículo 172. Circunstancias de la inscripción de la reducción del capital.
En la inscripción de la reducción del capital, además de las circunstancias generales, se hará constar:

1. El importe de la reducción.

2. La identificación de las acciones que se amorticen y, en su caso, la indicación de la disminución del valor nominal experimentado por las acciones.

3. La nueva redacción de los artículos de los estatutos relativos al capital y a las acciones, con las indicaciones a que se refieren los artículos 121 y 122.

Artículo 173. Amortización judicial de acciones.

1. En la inscripción de la resolución judicial firme por la que se reduzca el capital social mediante la amortización de las propias acciones, se expresarán el Juez o Tribunal y la fecha en que hubiera sido dictada, y se transcribirá la parte dispositiva de dicha resolución, en la que figurará necesariamente la nueva redacción de los artículos de los estatutos sociales relativos a la cifra del capital social y a las acciones, con las indicaciones a que se refieren los artículos 121 y 122.

2. Si por virtud de la resolución judicial el capital social resultara inferior al mínimo legal, el Registrador suspenderá la inscripción y extenderá nota de cierre provisional hasta que se presente en el Registro Mercantil la escritura de transformación, de aumento del capital social en la medida necesaria o de disolución.

Sección XI. Publicidad de la unipersonalidad sobrevenida

Artículo 174. Inscripción de la unipersonalidad sobrevenida.

1. La declaración de haberse producido la adquisición o la pérdida del carácter unipersonal de la sociedad, así como el cambio de socio único, se hará constar en escritura pública que se inscribirá en el Registro Mercantil. La escritura pública que documente las anteriores declaraciones será otorgada por quienes tengan la facultad de elevar a públicos los acuerdos sociales, de conformidad con lo dispuesto en los artículos 108 y 109 de este Reglamento. Si las acciones son nominativas, se exhibirá al Notario el libro-registro de las acciones, testimonio notarial del mismo en lo que fuera pertinente o cer-

tificación de su contenido. Si las acciones están representadas por medio de anotaciones en cuenta, se incorporará a la escritura certificación expedida por la entidad encargada de la llevanza del registro contable. Si las acciones son al portador, se exhibirán al Notario los títulos representativos de las mismas o los resguardos provisionales; si no se hubiesen emitido los títulos o los resguardos, lo hará constar así el otorgante bajo su responsabilidad con exhibición del título de adquisición o transmisión.

2. En la inscripción se expresará necesariamente la identidad del socio único, así como la fecha y naturaleza del acto o negocio por el que se hubiese producido la adquisición o la pérdida del carácter unipersonal o el cambio de socio único.

Capítulo V. De la inscripción de sociedades de responsabilidad limitada

Sección I. De la inscripción de la escritura de constitución

Artículo 175. Circunstancias de la primera inscripción.

1. En la inscripción primera de las sociedades de responsabilidad limitada deberán constar necesariamente las circunstancias siguientes:

> 1. La identidad del socio o socios fundadores. En el primer caso, en el acta de inscripción se hará una referencia expresa al carácter unipersonal de la sociedad.
> 2. Las aportaciones que cada socio realice en los términos previstos en los artículos 189 y 190 y la numeración de las participaciones asignadas en pago.
> 3. Los estatutos de la sociedad.
> 4. La determinación del modo concreto en que inicialmente se organice la administración, en caso de que los estatutos prevean diferentes alternativas.
> 5. La identidad de la persona o personas que se encarguen inicialmente de la administración y representación de la sociedad.

6. La identidad de los auditores de cuentas, en su caso.

2. Redacción según Real Decreto 171/2007, de 9 de febrero. Además, se harán constar en la inscripción los pactos y condiciones inscribibles que los socios hayan juzgado conveniente establecer en la escritura o en los estatutos, siempre que no se opongan a las leyes ni contradigan los principios configuradores de la sociedad de responsabilidad limitada.
En particular, podrán constar en las inscripciones las siguientes cláusulas estatutarias:

1. Las cláusulas penales en garantía de obligaciones pactadas e inscritas, especialmente si están contenidas en protocolo familiar publicado en la forma establecida en los artículos 6 y 7 del Real Decreto por el que se regula la publicidad de los protocolos familiares.
2. El establecimiento por pacto unánime de los socios de los criterios y sistemas para la determinación del valor razonable de las participaciones sociales previstas para el caso de transmisiones inter vivos o mortis causa o bien para la concurrencia de obligación de transmitir de conformidad con el artículo 188.3 de este Reglamento.
3. El pacto por el que los socios se comprometen a someter a arbitraje las controversias de naturaleza societaria de los socios entre sí y de éstos con la sociedad o sus órganos.
4. El pacto que establezca la obligación de venta conjunta por los socios de las partes sociales de las sociedades que se encuentren vinculadas entre sí por poseer unidad de decisión y estar obligadas a consolidación contable.
5. La existencia de comités consultivos en los términos establecidos en el artículo 185.3 de este Reglamento.

Artículo 176. Contenido de los estatutos.

Para su inscripción en el Registro Mercantil, los estatutos de la sociedad de responsabilidad limitada deberán expresar las menciones que se recogen en los artículos siguientes.

Artículo 177. Denominación de la sociedad.

1. En los estatutos se consignará la denominación de la sociedad, con la indicación Sociedad de Responsabilidad Limitada, Sociedad Limitada o sus abreviaturas S. R. L. o S. L.

2. La denominación de la sociedad deberá ajustarse además a las previsiones generales contenidas en los artículos 398 y siguientes y a las específicas que, en su caso, determine la legislación especial.

Artículo 178. Objeto social.

1. El objeto social se hará constar en los estatutos, determinando las actividades que lo integran.

2. No podrán incluirse en el objeto social los actos jurídicos necesarios para la realización o desarrollo de las actividades indicadas en él.

3. En ningún caso podrá incluirse como parte del objeto social la realización de cualesquiera otras actividades de lícito comercio ni emplearse expresiones genéricas de análogo significado.

Artículo 179. Duración de la sociedad.

1. Salvo disposición contraria de los estatutos, la sociedad tendrá duración indefinida.

2. Si se fijare un plazo y no se indicare su comienzo, aquél se empezará a contar desde la fecha de la escritura de constitución.

Artículo 180. Comienzo de operaciones.

1. Salvo disposición contraria de los estatutos, las operaciones sociales darán comienzo en la fecha de la escritura de constitución.

2. Los estatutos no podrán fijar una fecha anterior a la de la escritura de constitución, excepto en el supuesto de transformación.

Artículo 181. Fecha de cierre del ejercicio social.
Los estatutos habrán de contener la fecha de cierre del ejercicio social.

Artículo 182. Domicilio social.
1. En los estatutos se consignará el domicilio de la sociedad, que habrá de radicar en el lugar del territorio español en que se halle el centro de su efectiva administración y dirección, o en que radique su principal establecimiento o explotación.

2. Salvo disposición contraria de los estatutos, el órgano de administración será competente para decidir la creación, la supresión o el traslado de las sucursales.

Artículo 183. Capital social.
Los estatutos habrán de determinar la cifra del capital social, expresándola en pesetas.

Artículo 184. Participaciones.
1. Los estatutos de la sociedad de responsabilidad limitada expresarán el número de participaciones en que se divida el capital social, el valor nominal de las mismas, su numeración correlativa y, si fueran desiguales, los derechos que cada una atribuya a los socios y la cuantía o la extensión de éstos.

2. En caso de desigualdad de derechos, las participaciones se individualizarán por el número que les corresponda dentro de la numeración correlativa general y los derechos que atribuyan se concretarán del siguiente modo:

1. Cuando concedan más de un derecho de voto, para todos o algunos acuerdos, se indicará el número de votos.

2. Cuando concedan derechos que afecten al dividendo o a la cuota de liquidación, se indicará la cuantía de éstos por medio de múltiplos de la unidad.
3. En los demás casos, se indicará el contenido y la extensión del derecho atribuido.

Artículo 185. Administración y representación de la sociedad.
1. En los estatutos se hará constar la estructura del órgano al que se confía la administración, determinando si se atribuye:

1. A un administrador único.
2. A varios administradores que actúen solidariamente.
3. A varios administradores que actúen conjuntamente.
4. A un Consejo de Administración integrado por un mínimo de tres y un máximo de doce miembros.

2. Los estatutos podrán establecer distintos modos de organizar la administración de entre los expresados en el apartado anterior, atribuyendo a la Junta General la facultad de optar alternativamente por cualquiera de ellos, sin necesidad de modificación estatutaria.

3. En los estatutos se hará constar, también, a qué administradores se confiere el poder de representación, así como su régimen de actuación, de conformidad con las siguientes reglas:

1. En el caso de administrador único, el poder de representación corresponderá necesariamente a éste.
2. En caso de varios administradores solidarios, el poder de representación corresponde a cada administrador, sin perjuicio de las disposiciones estatutarias o de los acuerdos de la Junta sobre distribución de facultades, que tendrán un alcance meramente interno.
3. En el caso de varios administradores conjuntos, el poder de representación se ejercerá mancomunadamente, al menos, por dos de ellos en la forma determinada en los estatutos.

4. Redacción según Real Decreto 171/2007, de 9 de febrero. En el caso de consejo de administración, el poder de representación corresponderá al propio consejo que actuará colegiadamente.
Además, los estatutos podrán crear un comité consultivo.
Deberá determinarse en los estatutos sociales si la competencia para el nombramiento y revocación del comité consultivo es del consejo de administración o de la junta general; su composición y requisitos para ser titular; su funcionamiento, retribución y número de miembros; la forma de adoptar acuerdos; las concretas competencias consultivas o informativas del mismo, así como su específica denominación en la que se podrá añadir, entre otros adjetivos, el término familiar.
También podrá hacerse constar en los estatutos sociales cualquier otro órgano cuya función sea meramente honorífica e incluir en ellos el correspondiente sistema de retribución de los titulares de dicho cargo.
Además, los estatutos sociales podrán atribuir el poder de representación a uno o varios miembros del consejo a título individual o conjunto.
Cuando el consejo, mediante el acuerdo de delegación, nombra una comisión ejecutiva o uno o varios consejeros delegados, se indicará el régimen de la actuación.

4. Cuando los estatutos establezcan solamente el máximo y el mínimo de administradores, corresponde a la Junta General la determinación de su número.
En caso de Consejo de Administración, el número mínimo y máximo de sus componentes no puede ser inferior a tres ni superior a doce.
Los estatutos indicarán el plazo de duración del cargo de administrador si fuere determinado y el sistema de retribución si la tuviere. Salvo disposición contraria de los estatutos, la retribución correspondiente a los administradores será igual para todos ellos.

5. En caso de prever Consejo de Administración, los estatutos establecerán el régimen de organización y funcionamiento del Consejo que deberá comprender las reglas de convocatoria y constitución del órgano, así como el

modo de deliberar y adoptar acuerdos por mayoría. La delegación de facultades se regirá por lo establecido para las sociedades anónimas.

6. No podrán inscribirse en el Registro Mercantil las enumeraciones de facultades del órgano de administración que sean consignadas en los estatutos.

Artículo 186. Funcionamiento de la Junta General.

1. Los estatutos podrán establecer que la convocatoria de la Junta General se realice mediante anuncio publicado en un determinado diario de circulación en el término municipal en el que esté situado el domicilio social, o por cualquier procedimiento de comunicación, individual y escrita, que asegure la recepción del anuncio por todos los socios en el domicilio designado al efecto o en el que conste en el Libro-Registro de socios.

2. Los estatutos no podrán distinguir entre primera y segunda convocatoria de la Junta General.

3. El socio podrá hacerse representar en las reuniones de la Junta General por cualquiera de las personas previstas en la Ley y, en su caso, en los estatutos.

4. La representación comprenderá la totalidad de las participaciones de que sea titular el socio representado, y deberá conferirse por escrito. Si no constare en documento público, conforme al artículo 49 de la Ley 2/1995, de 23 de marzo, de Sociedades de Responsabilidad Limitada, deberá ser especial para cada Junta.

5. Redacción según Real Decreto 171/2007, de 9 de febrero. La representación es siempre revocable. Salvo que otra cosa se establezca en los estatutos, de conformidad con el artículo 49 de la Ley 2/1995, de 23 de marzo, de Sociedades de Responsabilidad Limitada, la asistencia personal a la Junta del representado tendrá valor de revocación de la total representación conferida.

6. Los estatutos deberán determinar el modo en que la Junta General deliberará y adoptará sus acuerdos.

Artículo 187. Prestaciones sociales accesorias.
1. Redacción según Real Decreto 171/2007, de 9 de febrero. En el caso de que se establezcan prestaciones accesorias, los estatutos detallarán su régimen, con expresión de su contenido concreto y determinado, que podrá ser económico o en general cualquier obligación de dar, hacer y no hacer, así como el carácter gratuito o retribuido de las mismas o, en su caso, las garantías previstas en su cumplimiento. En el supuesto de que sean retribuidas, los estatutos habrán de determinar la compensación a recibir por los socios que las realicen, sin que pueda exceder en ningún caso del valor que corresponda a la prestación.

2. Los estatutos podrán vincular la obligación de realizar prestaciones accesorias a la titularidad de una o varias participaciones sociales concretamente determinadas.

Artículo 188. Cláusulas estatutarias sobre transmisión de las participaciones sociales.
1. Serán inscribibles cualesquiera cláusulas que restrinjan la transmisión de todas o de algunas de las participaciones sociales, sin más limitaciones que las establecidas por la Ley.

2. Serán inscribibles en el Registro Mercantil las cláusulas estatutarias por las que se reconozca un derecho de adquisición preferente en favor de todos o alguno de los socios, o de un tercero, cuando expresen de forma precisa las transmisiones en las que exista la preferencia, así como las condiciones de ejercicio de aquel derecho y el plazo máximo para realizarlo.

3. Serán inscribibles en el Registro Mercantil las cláusulas estatutarias que impongan al socio la obligación de transmitir sus participaciones a los de-

más socios o a terceras personas determinadas cuando concurran circunstancias expresadas de forma clara y precisa en los estatutos.

4. Las adquisiciones de participaciones sociales que tengan lugar como consecuencia de las adjudicaciones efectuadas a los socios en la liquidación de la sociedad titular de aquéllas, se sujetarán al régimen estatutario previsto para la transmisión mortis causa de dichas participaciones.

5. Añadido por Real Decreto 171/2007, de 9 de febrero. Cuando así se establezca en los estatutos sociales, de acuerdo con la legislación civil aplicable, corresponderá al socio titular o, en su caso, a sus causahabientes, el ejercicio de los derechos sociales.
De la misma forma, los estatutos podrán establecer, de conformidad con la legislación civil aplicable, la designación de un representante para el ejercicio de los derechos sociales constante la comunidad hereditaria si así fue establecido en el título sucesorio.

Sección II. De las aportaciones

Artículo 189. Aportaciones dinerarias.

1. Cuando la aportación fuese dineraria, en la escritura de constitución o de aumento del capital, el Notario dará fe de que se le ha exhibido y entregado la certificación del depósito de las correspondientes cantidades a nombre de la sociedad en una entidad de crédito, certificación que el Notario incorporará a la escritura. A estos efectos la fecha del depósito no podrá ser anterior en más de dos meses a la de la escritura de constitución o a la del acuerdo de aumento de capital.

2. Lo anterior no será necesario en el caso de que se haya entregado el dinero al Notario autorizante para que éste constituya el depósito a nombre de la sociedad. La solicitud de constitución del depósito se consignará en la escritura.

En el plazo de cinco días hábiles el Notario constituirá el depósito en una entidad de crédito, haciéndolo constar así en la escritura matriz por medio de diligencia separada.

Artículo 190. Aportaciones no dinerarias.

1. Cuando la aportación fuese no dineraria, se describirán en la escritura los bienes o derechos objeto de la aportación, con sus datos registrales si existieran, el título o concepto de la aportación, la valoración en pesetas que se le atribuya, así como la numeración de las participaciones asignadas en pago.

Si se tratase de la aportación de una empresa o establecimiento comercial, industrial o de servicios, se describirán en la escritura los bienes y derechos registrables y se indicará el valor del conjunto o unidad económica objeto de aportación. Los restantes bienes podrán relacionarse en inventario, que se incorporará a la escritura.

2. En el supuesto de que existan aportaciones no dinerarias que se hayan sometido a valoración pericial conforme al artículo 38 de la Ley de Sociedades Anónimas, será de aplicación lo dispuesto en los apartados 2 y 3 del artículo 133.

Sección III. Del nombramiento y cese de los administradores y de los auditores de cuentas

Artículo 191. Nombramiento de administradores.

Los administradores serán nombrados en el acto de constitución de la sociedad o por acuerdo de la Junta General con la mayoría legal o estatutariamente prevista. No se admitirá el nombramiento por cooptación, ni por el sistema de representación proporcional.

Artículo 192. Circunstancias de la inscripción.

1. En la inscripción del nombramiento de los administradores se hará constar la identidad de los nombrados y la fecha del nombramiento y, en su caso,

el plazo para el que lo hubieran sido y el cargo para el que hubiese sido nombrado el miembro del Consejo de Administración.

2. Será de aplicación a la inscripción del nombramiento y cese de los administradores y de los auditores de cuentas de la sociedad de responsabilidad limitada lo dispuesto en los artículos 141 a 154 de este Reglamento, excepto lo dispuesto en el párrafo primero del apartado 1 del artículo 142 respecto al nombramiento de administradores por el Consejo de Administración.

Artículo 193. Facultad de optar.
El acuerdo por el que la Junta General ejercite la facultad de optar por cualquiera de los distintos modos alternativos de organizar la administración previstos en los estatutos, se consignará en escritura pública y se inscribirá en el Registro Mercantil.

Sección IV. Del acta notarial de junta

Artículo 194. Constancia registral de la solicitud de acta notarial.
1. Sin perjuicio de lo dispuesto con carácter general en el artículo 104, la solicitud de levantamiento de acta notarial de la Junta General de las sociedades de responsabilidad limitada podrá hacerse constar por nota marginal en el Registro Mercantil siempre que en el orden del día figure algún acuerdo susceptible de inscripción o la aprobación de las cuentas anuales.

2. La nota se practicará al margen de la última inscripción a instancia de los interesados y en virtud de requerimiento notarial dirigido a los administradores y efectuado dentro del plazo legalmente establecido.

3. Practicado el requerimiento en la forma expresada en los párrafos segundo y tercero del artículo 202 del Reglamento Notarial, sin perjuicio de lo dispuesto en el artículo 203 del mismo Reglamento, la sociedad podrá oponerse en la propia acta de requerimiento o en otra independiente, o mediante escrito dirigido al Registrador y firmado por quien tenga poder de

representación, con firma legitimada notarialmente. En cualquiera de los casos la sociedad únicamente podrá oponerse en virtud de certificación de la que resulte que la titularidad del socio o socios requirentes no figura inscrita como vigente en el libro de socios y, además, en su caso, que la sociedad no ha tenido conocimiento de la adquisición de las correspondientes participaciones. La oposición deberá presentarse en el Registro Mercantil dentro de los cinco días hábiles siguientes al de la práctica del requerimiento. Presentada ésta, el Registrador denegará la extensión de la nota marginal. En todo caso, la nota no podrá practicarse hasta que transcurra el indicado plazo.

4. Los acuerdos adoptados por la Junta a que se refiera la nota solo serán inscribibles si constan en acta notarial, que, en consecuencia, será presupuesto necesario para la inscripción del título o documento en que aquéllos se formalicen y para el depósito de cuentas en el Registro Mercantil.

Sección V. De la inscripción de la modificación de los estatutos sociales

Artículo 195. Escritura de modificación estatutaria.

1. Para su inscripción la escritura pública de modificación de estatutos sociales de una sociedad de responsabilidad limitada deberá contener, además de los requisitos de carácter general, declaración de que en la convocatoria de la Junta se han hecho constar los extremos que hayan de modificarse y de que el texto íntegro de la modificación propuesta ha estado desde la convocatoria a disposición de los socios en el domicilio social.

2. Cuando la modificación implique nuevas obligaciones para los socios o afecte a sus derechos individuales, no podrá inscribirse la escritura de modificación sin que conste en ella o en otra independiente el consentimiento de los interesados o afectados o resulte de modo expreso dicho consentimiento del acta del acuerdo social pertinente, la cual deberá estar firmada por aquéllos.

Artículo 196. Modificaciones especiales.

1. La inscripción de los acuerdos sociales de modificación estatutaria que confieran a quienes no hubieran votado a favor el derecho a separarse de la sociedad se atendrá a lo dispuesto en los artículos 206 y 208.

2. La escritura pública de reducción de capital en los casos de separación y exclusión del socio expresará las participaciones amortizadas, la identidad del socio o socios afectados, la causa de la amortización, la fecha del reembolso o de la consignación, y la nueva redacción de los preceptos estatutarios afectados por la reducción de capital, que se regirá por sus reglas específicas.

Artículo 197. Circunstancias de la inscripción.
En la inscripción de cualquier modificación estatutaria se harán constar, además de las circunstancias generales, las referidas en el artículo 164 y, en su caso, en el párrafo segundo del artículo 160.

Sección VI. De la inscripción del aumento y reducción del capital social

Artículo 198. Escritura de aumento de capital social.
1. Para su inscripción, en la escritura pública de aumento deberá expresarse, además de los requisitos de carácter general, la cuantía en que se ha acordado elevar la cifra del capital social, con indicación de si el aumento se realiza por creación de nuevas participaciones o por elevación del valor nominal de las ya existentes, así como el contenido del contravalor.

2. Si el aumento de capital se realiza por creación de nuevas participaciones la escritura deberá contener, además, las indicaciones siguientes:

1. La identificación de las participaciones de conformidad con las reglas contenidas en el artículo 184.
2. Las condiciones acordadas para el ejercicio del derecho de asunción preferente por parte de los socios y la cuantía y las condiciones del desembolso. Si la Junta General hubiera acordado la supresión total o

parcial del derecho de preferencia, deberá consignarse en la escritura que en la convocatoria de la Junta se hizo constar tanto la propuesta de suprimir el derecho de preferencia, como el derecho de los socios a examinar en el domicilio social el informe elaborado al efecto por el órgano de administración, declarando, además, los otorgantes que al tiempo de la convocatoria de la Junta se puso a disposición de los socios dicho informe. Si la Junta se celebró con carácter universal o los socios renunciaron individualmente al derecho de asunción preferente se hará constar así expresamente.

3. La prima, si se hubiera acordado, con expresión de su cuantía por cada participación creada.

3. Si el aumento de capital se realiza por aumento del valor nominal de las participaciones, se expresará en la escritura pública que todos los socios han prestado su consentimiento a esta modalidad de aumento, salvo que se haga íntegramente con cargo a reservas o beneficios de la sociedad.

4. En la escritura se expresará además:

1. Que el aumento acordado ha sido íntegramente desembolsado en los términos previstos, y, en los casos de aumento de capital por creación de nuevas participaciones, la identidad de las personas a quienes se hayan adjudicado, la numeración de las participaciones atribuidas a cada una de ellas y la circunstancia de haberse hecho constar la titularidad de las mismas en el Libro Registro de socios. Si el aumento de capital no se hubiera asumido íntegramente dentro del plazo fijado al efecto se hará constar expresamente.

2. Que a los efectos del ejercicio del derecho de preferencia fue realizada por los administradores una comunicación escrita a cada uno de los socios y, en su caso, a los usufructuarios inscritos en el Libro Registro de socios. En otro caso deberá protocolizarse en la escritura el Boletín Oficial del Registro Mercantil en el que, con tal finalidad, se hubiera publicado el anuncio de la oferta de asunción de las nuevas participaciones.

3. Que el pago de la prima, si se hubiera acordado, ha sido íntegramente satisfecho en el momento del desembolso.
4. Para su inscripción, las menciones relativas al acuerdo de aumento y a su ejecución, contempladas respectivamente en los apartados anteriores de este artículo, podrán consignarse en escrituras separadas.

Artículo 199. Clases de contravalor en el aumento del capital social.
1. Cuando el contravalor consista en aportaciones dinerarias se observará lo dispuesto en el artículo 189.

2. Cuando el contravalor consista total o parcialmente en aportaciones no dinerarias, se describirán en la escritura los bienes o derechos objeto de aportación en la forma prevista en el artículo 190, y se expresará en la escritura que al tiempo de la convocatoria de la Junta se puso a disposición de los socios el preceptivo informe de los administradores. Si las aportaciones no dinerarias hubiesen sido sometidas a valoración pericial, conforme a lo dispuesto en el artículo 38 de la Ley de Sociedades Anónimas, se observará, además, lo dispuesto en los apartados 2 y 3 del artículo 133.

3. Cuando el contravalor consista en la compensación de créditos contra la sociedad la escritura pública deberá expresar el nombre del acreedor, la fecha en que fue contraído el crédito, la declaración de que éste es completamente líquido y exigible y la declaración de que al tiempo de la convocatoria de la junta fue puesto a disposición de los socios el informe de los administradores, que se incorporará a la escritura que documente la ejecución del acuerdo.

4. Cuando el contravalor consista en la transformación de reservas o de beneficios que ya figuraban en el patrimonio social, la escritura pública deberá expresar que el aumento se ha realizado en base a un balance aprobado por la Junta General, referido a una fecha comprendida dentro de los seis

meses inmediatamente anteriores a la fecha del acuerdo que se incorporará a la escritura pública de aumento.

Artículo 200. Circunstancias de la inscripción del aumento de capital.

En la inscripción del aumento de capital, además de las circunstancias generales, se hará constar:

1. El importe del aumento.

2. La identificación de las nuevas participaciones o el incremento de valor nominal experimentado por las antiguas.

3. La identidad de las personas a quienes se hayan adjudicado las participaciones en los casos en que el contravalor del aumento de capital consista en aportaciones no dinerarias, en la compensación de créditos contra la sociedad o en la transformación de reservas o beneficios.

4. La nueva redacción de los artículos de los estatutos relativos al capital y a las participaciones, con las indicaciones a que se refieren los artículos 183 y 184.

Artículo 201. Escritura de reducción del capital social.

1. Para su inscripción, en la escritura pública de reducción del capital se consignarán, además de los requisitos de carácter general, la finalidad de la reducción y la cuantía de la misma.

Cuando la reducción no afecte por igual a todas las participaciones se expresará en la escritura que todos los socios han prestado su consentimiento a esta modalidad de reducción.

2. Cuando los estatutos reconozcan a los acreedores el derecho de oposición, en la escritura se expresará además:

1. Que fue efectuada por los administradores una notificación personal a los acreedores. En su defecto se protocolizarán en la escritura los anuncios en el Boletín Oficial del Registro Mercantil y en un diario de los de mayor circulación en la localidad en que radique el domicilio de la sociedad, que con esta finalidad se hubieran publicado.
2. Que ningún acreedor ha ejercitado en plazo su derecho o, en otro caso, la identificación de quienes se hubieran opuesto, el importe de sus créditos y la indicación de haber sido prestada garantía o satisfecho los créditos.

3. Cuando la reducción de capital hubiera tenido por finalidad la restitución de aportaciones, en la escritura se consignarán además:

1. La suma dineraria o la descripción de los bienes que hayan de entregarse a los socios, así como la declaración de los otorgantes de que han sido realizados los reembolsos correspondientes.
2. La identidad de las personas a quienes se hubiere restituido la totalidad o parte de las aportaciones sociales o, en su caso, la declaración del órgano de administración de haber quedado constituida una reserva con cargo a beneficios o reservas libres por un importe igual al percibido por los socios en concepto de restitución, salvo en el caso previsto en el artículo 81 de la Ley.
4. Cuando la reducción de capital tuviere por finalidad restablecer el equilibrio entre el capital y el patrimonio contable de la sociedad disminuido por consecuencia de pérdidas, la escritura pública deberá expresar que la reducción se ha realizado con base a un balance aprobado por la Junta General, previa su verificación por los auditores de cuentas de la sociedad cuando ésta estuviere obligada a verificar sus cuentas anuales y, si no lo estuviere, la verificación se realizará por el auditor de cuentas que al efecto designen los administradores. El balance, que deberá referirse a una fecha comprendida dentro de los seis meses inmediatamente anteriores al acuerdo y su verificación, se protocolizarán en la escritura de reducción.

5. En todo caso, la escritura expresará la nueva redacción de los artículos de los estatutos sociales relativos a la cifra del capital y las participaciones, con las indicaciones a que se refieren los artículos 183 y 184.
6. Las menciones relativas al acuerdo y a su ejecución podrán consignarse en escrituras separadas.

Artículo 202. Circunstancias de la inscripción de la reducción del capital.
En la inscripción de la reducción del capital social, además de las circunstancias generales, se hará constar:

1. El importe de la reducción.

2. La identificación de las participaciones que se amorticen y, en su caso, la indicación de la alteración de su valor nominal.

3. La identidad de las personas a quienes se hubiese restituido la totalidad o parte de las aportaciones sociales o, en su caso, la declaración a que se refiere el apartado 3 del artículo anterior.

4. La nueva redacción de los artículos de los estatutos relativos al capital y a las participaciones, con las indicaciones a que se refieren los artículos 183 y 184.

Sección VII. Publicidad de la unipersonalidad sobrevenida

Artículo 203. Inscripción de la unipersonalidad sobrevenida.
1. La declaración de haberse producido la adquisición o la pérdida del carácter unipersonal de la sociedad, así como el cambio de socio único, se hará constar en escritura pública que se inscribirá en el Registro Mercantil. La escritura pública que documente las anteriores declaraciones, será otorgada por quienes tengan la facultad de elevar a instrumento público los acuerdos sociales, de conformidad con lo dispuesto en los artículos 108 y 109 de este Reglamento, exhibiendo al Notario como base para el otorga-

miento el libro-registro de socios, testimonio notarial del mismo en lo que fuera pertinente o certificación de su contenido.

2. En la inscripción se expresará necesariamente la identidad del socio único así como la fecha y naturaleza del acto o negocio por el que se hubiese producido la adquisición o la pérdida del carácter unipersonal o el cambio de socio único.

Sección VIII. De la separación y exclusión de socios de sociedades de responsabilidad limitada

Artículo 204. Causas estatutarias de separación.

1. En el caso de que los estatutos sociales establezcan causas de separación de los socios distintas a las previstas en la Ley, deberá determinar el modo de acreditar la existencia de la causa, la forma de ejercitar el derecho de separación y el plazo para el ejercicio de este derecho.

2. Para inscribir la introducción en los estatutos sociales de una nueva causa de separación o la modificación o la supresión de cualquiera de las estatutarias existentes, será necesario que conste en escritura pública el consentimiento de todos los socios o resulte de modo expreso dicho consentimiento del acta del acuerdo social pertinente, la cual deberá estar firmada por aquéllos.

Artículo 205. Ejercicio del derecho de separación.

1. Los acuerdos o los hechos que den lugar al derecho de separación se publicarán en el Boletín Oficial del Registro Mercantil. El órgano de administración podrá sustituir dicha publicación por una comunicación escrita a cada uno de los socios que no hayan votado a favor del acuerdo o que desconozcan el hecho que dé lugar al derecho de separación.

2. El derecho de separación podrá ejercitarse en tanto no transcurra un mes desde la publicación o desde la recepción de la comunicación a que se refiere el apartado anterior.

Artículo 206. Inscripción de acuerdos que den derecho al socio a separarse de la sociedad.

1. Para la inscripción en el Registro Mercantil de la escritura pública que documente acuerdos que, según la Ley o los estatutos sociales, den derecho al socio a separarse de la sociedad, será necesario que en la misma escritura o en otra posterior se contenga la fecha de publicación del acuerdo en el Boletín Oficial del Registro Mercantil o la del envío de la comunicación sustitutiva de esa publicación a los socios que no hubiesen votado a favor, así como la declaración de los administradores de que ningún socio ha ejercitado el derecho de separación dentro del plazo establecido. Lo dispuesto en este apartado no será de aplicación cuando el acuerdo hubiese sido adoptado con el voto favorable de todos los socios.
En caso de que algún socio hubiera ejercitado ese derecho, se estará a lo dispuesto en el artículo 208.

2. En la inscripción de la transferencia al extranjero del domicilio social se harán constar, además, los datos relativos al convenio internacional en que se funda el acuerdo y a su ratificación, con expresión de la fecha y número del Boletín Oficial del Estado en que se hubiera publicado el texto del convenio y el instrumento de ratificación.

Artículo 207. Causas estatutarias de exclusión.

1. En el caso de que los estatutos sociales establezcan causas de exclusión de los socios distintas a las previstas en la Ley, deberán determinarlas concreta y precisamente.

2. Para inscribir la introducción en los estatutos sociales de una nueva causa de exclusión o la modificación o la supresión de cualquiera de las estatutarias existentes, será necesario que conste en escritura pública el consentimiento

de todos los socios o resulte de modo expreso dicho consentimiento del acta del acuerdo social pertinente, la cual deberá estar firmada por aquéllos.

Artículo 208. Inscripción de la separación o de la exclusión.

1. Para su inscripción en el Registro Mercantil, la escritura pública en la que se haga constar la separación o la exclusión del socio habrá de expresar necesariamente las circunstancias siguientes:

> 1. La causa de la separación o de la exclusión del socio y, en caso de exclusión, el acuerdo de la Junta General o testimonio de la resolución judicial firme, que se unirá a la escritura.
> En el caso de que el socio excluido fuera titular de un porcentaje igual o superior al 25 % del capital social, se consignará, además, esta circunstancia.
> 2. El valor real de las participaciones del socio separado o excluido, la persona o personas que las hayan valorado y el procedimiento seguido para esa valoración, así como la fecha del informe del auditor, en el caso de que se hubiera emitido, el cual se unirá a la escritura.
> 3. La manifestación de los administradores o de los liquidadores de la sociedad de que se ha reembolsado el valor de las participaciones al socio separado o excluido o consignado su importe, a nombre del interesado, en entidad de crédito del término municipal en que radique el domicilio social, acompañando documento acreditativo de la consignación.

2. Para la inscripción en el Registro Mercantil de la escritura pública que documente la separación o la exclusión de uno o varios socios, será necesario que en la misma escritura o en otra posterior se haga constar la reducción del capital social, expresando las participaciones amortizadas, la identidad del socio o socios afectados, la causa de la amortización, la fecha del reembolso o de la consignación, la cifra a que hubiera quedado reducido el capital, así como la nueva redacción de los estatutos que resultaren afectados.

3. Si los estatutos sociales reconocen derecho de oposición de los acreedores en caso de restitución de aportaciones, no podrá efectuarse el reembolso de las participaciones al socio separado o excluido hasta tanto no transcurra el plazo establecido para el ejercicio de este derecho. En este caso, en la escritura pública que documente la separación o la exclusión de uno o varios socios, se hará constar la manifestación de los administradores o liquidadores sobre la inexistencia de oposición por parte de los acreedores o la identidad de quienes se hubiesen opuesto, el importe de su crédito y las garantías que hubiere prestado la sociedad.

Capítulo VI. De la inscripción de las sociedades colectivas y comanditarias

Sección I. De la inscripcion de las sociedades colectivas y comanditarias simples

Artículo 209. Circunstancias de la primera inscripción de las sociedades colectivas.

En la inscripción primera de las sociedades colectivas deberán constar necesariamente las circunstancias siguientes:

1. La identidad de los socios.

2. La razón social.

3. El domicilio de la sociedad.

4. El objeto social, si estuviese determinado.

5. La fecha de comienzo de las operaciones.

6. La duración de la sociedad.

7. La aportación de cada socio, expresando el título en que se realice y el valor que se le haya dado a la aportación o de las bases conforme a las cuales se realizara el avalúo.

8. El capital social, salvo en las sociedades formadas exclusivamente por socios que solo hubieran aportado o se hubieran obligado a aportar servicios.

9. Los socios a quienes se encomiende la administración y representación de la sociedad y las cantidades que, en su caso, se asignen a cada uno de ellos anualmente para sus gastos particulares. Si se tratara de coadministrador nombrado para intervenir la administración de un gestor estatutario, se hará constar así expresamente, con expresión de la identidad de los socios que lo hubieran nombrado.

10. Los demás pactos lícitos contenidos en la escritura social.

Artículo 210. Circunstancias de la primera inscripción de las sociedades comanditarias.

En la inscripción primera de las sociedades comanditarias se consignarán las mismas circunstancias señaladas en el artículo anterior para las sociedades colectivas y, además, las siguientes:

1. La identidad de los socios comanditarios.

2. Las aportaciones que cada socio comanditario haga o se obligue a hacer a la sociedad, con expresión de su valor, conforme a lo dispuesto en el artículo 172 del Código de Comercio, cuando no sean dinerarias.

3. El régimen de adopción de acuerdos sociales.

Artículo 211. Rescisión parcial.

La inscripción de la rescisión parcial del contrato de sociedad colectiva o comanditaria en el caso de que el gestor estatutario hubiera causado perjuicio manifiesto a la sociedad, se verificará en virtud de resolución judicial firme.

Artículo 212. Modificación del contrato social.

1. Salvo pacto en contrario, para la modificación del contrato social se necesitará el consentimiento de todos los socios colectivos. Respecto a los socios comanditarios, se estará a lo dispuesto en el contrato social.

2. La inscripción de los actos y contratos mediante los cuales un socio colectivo transmite a otra persona el interés que tenga en la sociedad, o sustituya a otro socio en su lugar para que desempeñe los cargos y funciones que a él le correspondiesen en la administración o gestión social, no podrá verificarse sin que conste en escritura pública el consentimiento de los demás socios colectivos.

Sección II. De la inscripción de las sociedades comanditarias por acciones

Artículo 213. Circunstancias de la primera inscripción.

En la inscripción primera de las sociedades comanditarias por acciones deberán constar necesariamente las circunstancias previstas en el artículo 114, con las siguientes precisiones:

1. En la mención relativa a la denominación, si ésta es subjetiva, solamente podrán incluirse en ella nombres de los socios colectivos.

2. En la mención relativa a las personas que se encarguen de la administración y representación de la sociedad deberá constar su condición de socios colectivos.

3. En los estatutos sociales se consignará el nombre de los socios colectivos.

Artículo 214. Nombramiento y cese de administradores.

1. El nombramiento de administradores fuera del acto constitutivo y su cese se inscribirán en virtud de los documentos previstos en los artículos 142, 147 y 148.

2. No obstante, cuando el cese sea consecuencia de la separación se aplicarán las normas sobre modificación de estatutos.

Artículo 215. Régimen supletorio.
En lo no previsto en los artículos anteriores, serán de aplicación a la sociedad comanditaria por acciones, en la medida en que lo permita su específica naturaleza, los preceptos de este Reglamento relativos a la sociedad anónima.

Capítulo VII. De la transformación, fusión y escisión de sociedades

Sección I. De la transformación de sociedades

Artículo 216. Escritura pública de transformación.
Para su inscripción en el Registro Mercantil, la escritura pública de transformación de sociedad mercantil deberá contener todas las menciones legal y reglamentariamente exigidas para la constitución de la sociedad cuya forma se adopte.

Artículo 217. Transformación de sociedad colectiva o comanditaria o agrupación de interés económico en sociedad anónima o de responsabilidad limitada.
1. La escritura pública de transformación de sociedades colectivas, comanditarias o agrupaciones de interés económico en sociedad anónima o de responsabilidad limitada no podrá inscribirse sin que conste el consentimiento de todos los socios que tengan responsabilidad personal y solidaria por las deudas sociales. En cuanto a los socios comanditarios se estará a lo dispuesto en la escritura social.

2. Si la sociedad o agrupación de interés económico se transforman en sociedad anónima, en la escritura se incluirá la manifestación expresa de los otorgantes, bajo su responsabilidad, de que el patrimonio cubre, por lo menos, el 25 % del capital, con expresión, en su caso, de los dividendos pasivos pendientes y la forma y plazo de desembolsarlos. Además, se incorporará a la escritura pública el informe de uno o varios expertos independientes sobre el patrimonio social no dinerario.
Si la sociedad o agrupación de interés económico se transforma en sociedad de responsabilidad limitada, en la escritura se incluirá la manifestación de los otorgantes, bajo su responsabilidad, de que el patrimonio cubre el capital social y de que éste queda totalmente desembolsado.
En ambos supuestos, si los acreedores sociales hubieren consentido expresamente en la transformación, los otorgantes lo manifestarán en la escritura bajo su responsabilidad.

3. A la escritura se acompañará, para su depósito en el Registro Mercantil, el balance general de la sociedad cerrado el día anterior al del acuerdo de transformación.

Artículo 218. Transformación de sociedad civil o cooperativa en sociedad de responsabilidad limitada.
1. La escritura pública de transformación de sociedades civiles o cooperativas en sociedad de responsabilidad limitada no podrá inscribirse sin que conste el consentimiento de todos los socios de la sociedad civil o, en su caso, el consentimiento de todos los socios que tengan en la cooperativa algún tipo de responsabilidad personal por las deudas sociales. En ambos supuestos, se incluirá en la escritura, asimismo, la manifestación de los otorgantes, bajo su responsabilidad, de que el patrimonio cubre el capital social quedando éste totalmente desembolsado y, si los acreedores sociales hubieren consentido expresamente la transformación, los otorgantes lo manifestarán igualmente en la escritura bajo su responsabilidad.

2. En caso de transformación de cooperativa, en la escritura se expresarán también las normas que han sido aplicadas para la adopción del acuerdo de

transformación, así como el destino que se haya dado a los fondos o reservas que tuviere la entidad. Si la legislación aplicable reconociere a los socios el derecho de separación, la escritura contendrá, además, la relación de quienes hayan hecho uso del mismo y el capital que representen, así como el balance final cerrado el día anterior al de su otorgamiento.

3. A la escritura se acompañará, para su depósito en el Registro Mercantil, un balance general de la sociedad civil o de la cooperativa, cerrado el día anterior al del acuerdo de transformación. Cuando se trate de transformación de cooperativa se acompañarán, además, los siguientes documentos:

1. La certificación del Registro de Cooperativas correspondiente, en la que consten la declaración de inexistencia de obstáculos para la inscripción de la transformación y, en su caso, la transcripción literal de los asientos que hayan de quedar vigentes. En la propia certificación se hará constar que el encargado del Registro ha extendido nota de cierre provisional de la hoja de la cooperativa que se transforma.
2. Si la legislación aplicable a la cooperativa que se transforma exigiere algún tipo de publicidad escrita del acuerdo de transformación, los ejemplares de las publicaciones en que la misma se hubiere realizado.

4. Una vez inscrita la transformación de la cooperativa, el Registrador Mercantil lo comunicará de oficio al Registro de Cooperativas correspondiente para que en éste se proceda a la inmediata cancelación de los asientos de la sociedad.

Artículo 219. Transformación de sociedad anónima o sociedad de responsabilidad limitada en sociedad colectiva o comanditaria o en agrupación de interés económico.
1. Para su inscripción, la transformación de una sociedad anónima o de responsabilidad limitada en sociedad colectiva o comanditaria simple o por acciones o en agrupación de interés económico se hará constar en escritura pública otorgada por la sociedad y por todos los socios que pasen a responder personalmente de las deudas sociales.

2. Si existiesen socios con derecho de separación, se expresará en la escritura la fecha de publicación del acuerdo en el Boletín Oficial del Registro Mercantil o, en caso de transformación de sociedad de responsabilidad limitada dicha fecha o la del envío de la comunicación sustitutiva de esa publicación a cada uno de los socios que no hubiesen votado a favor.
Además, se expresará en la escritura la identidad de los socios que hayan hecho uso del derecho de separación dentro del plazo correspondiente y el capital que representen o, en su caso, se incluirá la declaración de los administradores, bajo su responsabilidad, de que ningún socio ha ejercitado el derecho de separación dentro de dicho plazo.
En caso de que algún socio hubiere ejercitado el derecho de separación, si se documentare en la misma escritura la reducción del capital, se hará constar en ella el reembolso de sus acciones o participaciones o la consignación de su importe y la fecha en que se hayan efectuado, expresando las acciones o participaciones amortizadas y la cifra a que hubiere quedado reducido el capital, así como la nueva redacción de los artículos de los estatutos que resultaren afectados por la reducción.

3. A la escritura se acompañarán, para su depósito en el Registro Mercantil, los siguientes documentos:

1. El balance de la sociedad cerrado el día anterior a la fecha del acuerdo de transformación.
2. El balance de la sociedad cerrado el día anterior al otorgamiento de la escritura.
3. En caso de transformación de sociedad anónima, los ejemplares de los diarios en que se hubiere publicado el acuerdo de transformación cuando dicha publicación fuera necesaria.

Artículo 220. Transformación de sociedad anónima en sociedad de responsabilidad limitada.

1. Para su inscripción, la transformación de sociedad anónima en sociedad de responsabilidad limitada se hará constar en escritura pública otorgada por la sociedad, en la que se incluirán los siguientes extremos:

1. La fecha de publicación del acuerdo en el Boletín Oficial del Registro Mercantil y en los periódicos correspondientes, salvo que aquél hubiese sido adoptado con el voto favorable de todos los socios.
2. La declaración de haber sido anulados e inutilizados los Títulos representativos de las acciones o, en caso de que éstas estuvieren representadas por medio de anotaciones en cuenta, la declaración de que las anotaciones han sido canceladas en el registro contable que corresponda.
3. La declaración de que el patrimonio cubre el capital social y de que éste queda íntegramente desembolsado.

2. A la escritura se acompañarán, para su depósito en el Registro Mercantil, los siguientes documentos:

1. El balance de la sociedad cerrado el día anterior al acuerdo de transformación.
2. El balance de la sociedad cerrado el día anterior al otorgamiento de la escritura.
3. Los ejemplares de los diarios en que se hubiese publicado el acuerdo cuando dicha publicación fuera necesaria.
4. En caso de cancelación de anotaciones en cuenta, certificación acreditativa de la misma expedida por el órgano encargado del registro contable que corresponda.

Artículo 221. Transformación de sociedad limitada en sociedad anónima.

1. Para su inscripción, la transformación de sociedad de responsabilidad limitada en sociedad anónima se hará constar en escritura pública otorgada por la sociedad, en la que se incluirán los siguientes extremos:

1. Si existieren socios con derechos de separación, la fecha de publicación del acuerdo en el Boletín Oficial del Registro Mercantil o, en su caso, la fecha en que se envió a cada uno de los socios que no hayan votado a favor del mismo la comunicación sustitutiva de dicha publicación.

2. El número de acciones que correspondan a cada una de las participaciones.

3. La identidad de los socios que hayan hecho uso del derecho de separación dentro del plazo correspondiente y el capital que representen o, en su caso, la declaración de los administradores, bajo su responsabilidad, de que ningún socio ha ejercitado el derecho de separación dentro de dicho plazo.

En caso de que algún socio hubiere ejercitado el derecho de separación, si se documentare en la misma escritura la reducción del capital, se hará constar en ella el reembolso de sus participaciones o la consignación de su importe y la fecha en que se hayan efectuado, expresando las participaciones amortizadas y la cifra a que hubiere quedado reducido el capital social, así como la nueva redacción de los artículos de los estatutos que resultaren afectados por la reducción.

4. El informe de los expertos independientes sobre el patrimonio social no dinerario.

2. A la escritura, se acompañará, para su depósito en el Registro Mercantil, el balance de la sociedad cerrado el día anterior al acuerdo de transformación.

Artículo 222. Transformación de sociedad limitada en sociedad civil o cooperativa.

1. La transformación de sociedad de responsabilidad limitada en sociedad civil o cooperativa se hará constar en escritura pública otorgada por la sociedad y por todos los socios que pasen a asumir algún tipo de responsabilidad personal por las deudas sociales, en la que se incluirán los siguientes extremos:

1. Si existieren socios con derecho de separación, la fecha de publicación del acuerdo en el Boletín Oficial del Registro Mercantil o, en su caso, la fecha en que se envió a cada uno de los socios que no hayan votado a favor del mismo la comunicación sustitutiva de dicha publicación.
2. La identidad de los socios que hayan hecho uso del derecho de separación dentro del plazo correspondiente y el capital que representen o, en su caso, la declaración de los administradores, bajo su responsabilidad, de que ningún socio ha ejercitado el derecho de separación dentro de dicho plazo.
En caso de que algún socio hubiere ejercitado el derecho de separación, si se documentare en la misma escritura la reducción del capital, se hará constar en ella el reembolso de sus participaciones o la consignación de su importe y la fecha en que se hayan efectuado, expresando las participaciones amortizadas y la cifra a que hubiere quedado reducido el capital social, así como la nueva redacción de los artículos de los estatutos que resultaren afectados por la reducción.

2. Además, en caso de transformación en cooperativa en la escritura se observará lo siguiente:

1. Se hará constar la indicación de la legislación cooperativa que admita o permita la transformación, así como la identificación del Registro de Cooperativas al que corresponda la inscripción de la sociedad transformada.
2. Se incorporará la certificación del Registro Mercantil en la que consten la declaración de inexistencia de obstáculos para la inscripción de la transformación y, en su caso, la transcripción literal de los asientos que hayan de quedar vigentes. En la propia certificación, el Registrador hará constar que ha extendido nota de cierre provisional de la hoja de la sociedad que se transforma.
3. En caso de transformación en sociedad civil, la escritura se presentará en el Registro Mercantil para proceder a la cancelación de los asientos relativos a la sociedad transformada, acompañada del balance de la sociedad cerrado el día anterior a la fecha del acuerdo de transforma-

ción y del balance final cerrado el día anterior al del otorgamiento de la escritura, que quedarán depositados en el Registro. Previa calificación de la escritura, el Registrador extenderá el asiento de cancelación en la hoja de la sociedad, haciéndolo constar en la escritura, procediendo a la publicación de la transformación en el Boletín Oficial del Registro Mercantil.

4. En caso de transformación en sociedad cooperativa, la escritura se presentará para su inscripción en el Registro de Cooperativas correspondiente acompañada de los balances a que se refiere el apartado anterior. Inscrita la transformación, el encargado del Registro de Cooperativas lo comunicará de oficio al Registrador Mercantil correspondiente, quien procederá a la inmediata cancelación de los asientos relativos a la sociedad transformada y a la publicación de la transformación en el Boletín Oficial del Registro Mercantil.

Artículo 223. Modificaciones estatutarias simultáneas.

Cuando la transformación vaya acompañada de una modificación del objeto, domicilio, capital social o cualquier otro extremo de la escritura, habrán de observarse los requisitos inherentes a estas operaciones.

Artículo 224. Otros supuestos de transformación.

1. En el caso de que, por autorizarlo una disposición legal, una sociedad no mercantil se transformara en sociedad mercantil, una sociedad mercantil se transformara en sociedad no mercantil, o una sociedad no mercantil se transformara en otra no mercantil, la escritura pública será otorgada por la sociedad y por todos los socios que, en virtud de la transformación pasen a asumir cualquier clase de responsabilidad personal por las deudas sociales. En la escritura se expresarán todas las menciones legal y reglamentarias exigibles para la constitución de la sociedad cuya forma se adopte y, en su caso, para la transformación de la sociedad afectada. A falta de disposiciones reguladoras de la transformación, lo serán supletoriamente las contenidas en esta sección en cuanto sean aplicables.

2. Lo dispuesto en el apartado anterior no será de aplicación a los supuestos de transformación regulados en esta sección.

Artículo 224 bis. Transformación de una sociedad anónima existente en sociedad anónima europea. Añadido por Real Decreto 659/2007, de 25 de mayo.
1. En el caso de constitución de una sociedad anónima europea mediante la transformación de una sociedad anónima española se aplicarán, en lo que proceda, las reglas del presente Capítulo.
El proyecto de transformación se depositará en el Registro Mercantil correspondiente a su domicilio social y se regirá por lo establecido en el artículo 226 de este Reglamento.
El nombramiento del experto o expertos independientes que certifiquen que la sociedad dispone de activos netos suficientes, al menos para la cobertura del capital y de las reservas de la sociedad anónima europea, se regulará por lo establecido en los artículos 338 a 349 de este Reglamento.

2. Para la inscripción de la sociedad anónima europea resultante de la transformación se incorporarán a la escritura el informe de los administradores y la certificación de los expertos que se regulan en el artículo 326 de la Ley de Sociedades Anónimas.

Artículo 225. Circunstancias de la inscripción.
En la inscripción de la transformación habrán de consignarse, además de las circunstancias generales, todas las exigidas para la inscripción primera de la sociedad cuya forma se adopte así como aquellas otras relativas al derecho de separación de los socios que sean procedentes.

Sección II. De la fusión y escisión de sociedades

Artículo 226. Depósito del proyecto de fusión.
1. Los administradores están obligados a presentar para su depósito en el Registro Mercantil correspondiente a cada una de las sociedades que participan en la fusión un ejemplar del proyecto de fusión.

2. Dentro de los cinco días hábiles siguientes al de la fecha del asiento de presentación, el Registrador calificará exclusivamente si el documento presentado es el exigido por la Ley y si está debidamente suscrito. Cumplidos estos requisitos, tendrá por efectuado el depósito, practicando las correspondientes notas marginales en el diario y en la hoja abierta a la sociedad. En caso contrario procederá de acuerdo con lo dispuesto para los títulos defectuosos.

3. Efectuado el depósito, el Registrador comunicará al Registrador Mercantil Central para su inmediata publicación en el Boletín Oficial del Registro Mercantil, el hecho del depósito y la fecha en que hubiere tenido lugar.

4. La publicación de la convocatoria de las Juntas Generales que hayan de resolver sobre la fusión no podrá realizarse antes de que hubiese quedado efectuado el depósito.

Artículo 226 bis. Constitución mediante fusión de una sociedad anónima europea domiciliada en otro Estado miembro. Añadido por Real Decreto 659/2007, de 25 de mayo.

1. En la constitución de una sociedad anónima europea domiciliada en otro Estado miembro mediante fusión, en la que participe una sociedad española, será de aplicación lo dispuesto en los apartados 1 y 2 del artículo 160 bis de este Reglamento.

2. El nombramiento del experto o expertos independientes que hayan de informar sobre el proyecto de fusión se regulará por lo establecido en los artículos 338 a 349 de este Reglamento.

3. El derecho de separación de los socios que hubieran votado en contra deberá ejercitarse por escrito en el plazo de un mes a contar desde la fecha del acuerdo de fusión. En documento público se hará constar la declaración de los administradores de que ningún socio ha hecho uso de su derecho de separación o, en caso contrario, la declaración de los administradores de la

que resulte el reembolso de las acciones correspondientes y los datos de identidad de los accionistas que ejercitaron tal derecho, previa amortización de aquellas y reducción del capital social.

4. El Registrador, a la vista de los datos obrantes en el Registro y en la escritura pública de fusión presentada, y acreditados los trámites previstos en los apartados anteriores, certificará el cumplimiento por parte de la sociedad anónima española que se fusiona de todos los actos y trámites previos a la fusión.

Artículo 227. Escritura pública de fusión.

1. Para su inscripción, la fusión se hará constar en escritura pública otorgada por todas las sociedades participantes.

2. La escritura recogerá separadamente respecto de cada una de las sociedades intervinientes, además de las circunstancias generales, las siguientes:

   1. La manifestación de los otorgantes, bajo su responsabilidad, sobre el cumplimiento de lo establecido en el artículo 238 de la Ley de Sociedades Anónimas y de que han sido puestos a disposición de los socios y acreedores los documentos a que se refiere el artículo 242 de dicha Ley.
   2. La declaración de los otorgantes respectivos sobre la inexistencia de oposición por parte de los acreedores y obligacionistas o, en su caso, la identidad de quienes se hubiesen opuesto, el importe de su crédito y las garantías que hubiere prestado la sociedad.
   3. La fecha de publicación en el Boletín Oficial del Registro Mercantil del depósito del proyecto de fusión.
   4. Las fechas de publicación del acuerdo de fusión en el Boletín Oficial del Registro Mercantil.
   5. El balance de fusión de las sociedades que se extinguen y, en su caso, el informe de los auditores.
   6. El contenido íntegro del acuerdo de fusión, de conformidad con lo establecido en el artículo siguiente.

3. Si alguna de las sociedades que se fusionan se encontrara en quiebra, se hará constar en la escritura pública la resolución judicial que autorice a la sociedad a participar en la fusión.

Artículo 228. Contenido del acuerdo de fusión.

1. El acuerdo de fusión habrá de expresar necesariamente las circunstancias siguientes:

   1. La identidad de las sociedades participantes.
   2. Los estatutos que hayan de regir el funcionamiento de la nueva sociedad, así como la identidad de las personas que hayan de encargarse inicialmente de la administración y representación de la sociedad y, en su caso, de los auditores de cuentas. En caso de fusión por absorción, se expresarán las modificaciones estatutarias que procedan.
   3. El tipo de canje de las acciones o participaciones y, en su caso, la compensación complementaria en dinero que se prevea.
   4. El procedimiento por el que serán canjeadas las acciones o participaciones de las sociedades que se extinguen, así como la fecha a partir de la cual las nuevas acciones o participaciones darán derecho a participar en las ganancias sociales y cualesquiera peculiaridades relativas a este derecho.
   5. La fecha a partir de la cual las operaciones de las sociedades que se extinguen se considerarán realizadas a efectos contables por cuenta de la sociedad a la que traspasan su patrimonio.
   6. Los derechos que hayan de otorgarse en la sociedad absorbente o en la nueva sociedad a los titulares de acciones de clases especiales, a los titulares de participaciones privilegiadas y a quienes tengan derechos especiales distintos de las acciones o de las participaciones en las sociedades que se extingan o, en su caso, las opciones que se les ofrezcan.
   7. Las ventajas de cualquier clase que hayan de atribuirse en la sociedad absorbente o en la nueva sociedad a los expertos independientes que hayan intervenido en el proyecto de fusión, así como a los administrado-

res de las sociedades que, en su caso, hayan intervenido en el proyecto de fusión.

2. Las circunstancias anteriormente señaladas habrán de ajustarse, en su caso, al proyecto de fusión.

Artículo 229. Participación en la fusión de sociedades colectivas o comanditarias.

1. Si participa en la fusión una sociedad colectiva o comanditaria simple, la escritura habrá de contener el consentimiento de todos los socios colectivos.

Para los socios comanditarios, se estará a lo dispuesto en la escritura social.

2. Si la nueva sociedad o la absorbente fuera colectiva o comanditaria, la escritura deberá recoger el consentimiento de todos los socios que en virtud de la fusión pasen a responder ilimitadamente de las deudas sociales.

Artículo 230. Documentos complementarios. Redacción según Real Decreto 659/2007, de 25 de mayo.

1. Para su inscripción, se acompañarán a la escritura de fusión los siguientes documentos:

1. El proyecto de fusión, salvo que se halle depositado en el mismo Registro.
2. Los ejemplares de los diarios en que se hubiesen publicado la convocatoria de la Junta y el acuerdo de fusión.
3. El informe de los administradores de cada una de las sociedades que participan en la fusión, explicando y justificando el proyecto.
4. El informe o informes del experto o expertos independientes sobre el proyecto de fusión y sobre el patrimonio aportado por las sociedades que se extinguen, cuando fueran obligatorios.

2. En el caso de constitución de una sociedad anónima europea mediante fusión que vaya a fijar su domicilio en España, se acompañarán los certifi-

cados de las autoridades correspondientes al domicilio de las sociedades extranjeras participantes en la fusión acreditativos de la legalidad del procedimiento con arreglo a la ley aplicable y de los asientos vigentes obrantes en el Registro de procedencia, así como el informe o informes del experto o expertos independientes.

Artículo 231. Calificación de la concordancia con los antecedentes registrales.

1. Cuando el Registro de la nueva sociedad resultante de la fusión o de la sociedad absorbente no coincida con el Registro de las restantes sociedades que participen en la fusión, la inscripción de la fusión no podrá practicarse sin que conste en el título nota firmada por el Registrador o Registradores correspondientes al domicilio de las sociedades que se extinguen declarando la inexistencia de obstáculos registrales para la fusión pretendida.

2. Idéntica nota extenderá el Registrador al margen del último asiento de la sociedad correspondiente, con referencia a la escritura que la motiva.

3. Dicha nota marginal implicará el cierre provisional de la hoja de la sociedad durante el plazo de seis meses.

Artículo 232. Circunstancias de la inscripción.

1. Si la fusión diera lugar a la creación de una nueva sociedad, se abrirá a ésta la correspondiente hoja registral, practicándose en ella una primera inscripción en la que se recogerán las menciones legalmente exigidas para la constitución de la nueva sociedad y demás circunstancias del acuerdo de fusión.

2. Si la fusión se verificara por absorción se inscribirán en la hoja abierta a la sociedad absorbente las modificaciones estatutarias que, en su caso, se hayan producido y demás circunstancias del acuerdo de fusión.

Artículo 233. Cancelación de asientos.

1. Una vez inscrita la fusión, el Registrador cancelará de oficio los asientos de las sociedades extinguidas, por medio de un único asiento, trasladando literalmente a la nueva hoja los que hayan de quedar vigentes.

2. Si las sociedades que se extinguen estuviesen inscritas en Registro distinto, el Registrador comunicará de oficio haber inscrito la fusión, indicando el número de la hoja, folio y tomo en que conste.
Recibido este oficio, el Registrador del domicilio de la sociedad extinguida cancelará mediante un único asiento los de la sociedad, remitiendo, en su caso, certificación literal de los asientos que hayan de quedar vigentes para su incorporación al Registro que haya inscrito la fusión.

Artículo 234. Comunicación al Registrador Mercantil Central.
Cada uno de los Registradores Mercantiles a que correspondan las sociedades participantes en la fusión y, en su caso, el correspondiente a la nueva sociedad resultante de la fusión, remitirán al Registrador Mercantil Central, por separado, los datos necesarios para la publicación a que se refiere el párrafo 15 del artículo 388.

Artículo 235. Escritura pública de escisión.
1. Para su inscripción, la escritura pública de escisión habrá de expresar, además de las indicaciones a que se refiere el artículo 227, la clase de escisión, indicando si se produce o no extinción de la sociedad que se escinde, así como si las sociedades beneficiarias de la escisión son de nueva creación o ya existentes.

2. A la escritura pública se acompañarán los documentos que se mencionan en el artículo 230 relativos a la fusión.

Artículo 236. Inscripción de la escisión.
1. La inscripción de la escisión se regirá, en lo que resulte pertinente, por lo dispuesto en los artículos anteriores para la fusión.

2. Si la escisión produjese la extinción de la sociedad que se escinde, el Registrador cancelará los asientos referentes a esta sociedad, una vez inscritas las nuevas sociedades resultantes de la escisión en nueva hoja, o la absorción por sociedades ya existentes en las hojas correspondientes a las sociedades absorbentes. Si las sociedades participantes en la escisión estuviesen inscritas en Registro distinto, será de aplicación el apartado segundo del artículo 233.

3. En caso de escisión parcial o segregación, una vez inscrita la segregación en la hoja abierta a la sociedad segregante, el Registrador competente inscribirá las nuevas sociedades resultantes de la segregación en nueva hoja, o la absorción por sociedades ya existentes en las hojas correspondientes a las sociedades absorbentes.

Artículo 237. Comunicación al Registrador Mercantil Central.
Cada uno de los Registradores Mercantiles a que correspondan las sociedades participantes en la escisión y, en su caso, el de las nuevas sociedades resultantes de la misma, remitirá al Registrador Mercantil Central, por separado, los datos necesarios para la publicación a que se refiere el párrafo 16 del artículo 388.

Capítulo VIII. De la disolución y liquidación de sociedades y del cierre de la hoja registral

Sección I. De la disolución de sociedades y de su reactivación

Artículo 238. Disolución de pleno derecho.
1. El Registrador, de oficio, cuando deba practicar algún asiento en la hoja abierta a la sociedad o se hubiera solicitado certificación, o a instancia de cualquier interesado, extenderá una nota al margen de la última inscripción, expresando que la sociedad ha quedado disuelta, en los siguientes casos:

1. Cuando hubiera transcurrido el plazo de duración de la sociedad.

2. Cuando hubiera transcurrido un año desde la adopción del acuerdo de reducción del capital de la sociedad anónima, de responsabilidad limitada o comanditaria por acciones por debajo del mínimo establecido por la Ley como consecuencia del cumplimiento de una norma legal, sin que se hubiere inscrito la transformación o la disolución de la sociedad o el aumento del capital social.
3. Cuando hubiera transcurrido un año desde la fecha del reembolso o de la consignación de la cantidad correspondiente al socio separado o excluido de sociedad de responsabilidad limitada, con reducción del capital por debajo del mínimo legal, sin que se hubiera inscrito la transformación o la disolución de la sociedad o el aumento del capital social.

2. En los casos a que se refiere el apartado anterior, el Registrador extenderá una nota al margen de la inscripción del nombramiento de los administradores, expresando que han cesado en su cargo.
Si los administradores quedasen convertidos en liquidadores por establecerlo así la Ley o los estatutos sociales, el Registrador lo hará constar en el correspondiente asiento.

3. En caso de disolución por transcurso del término, la prórroga de la sociedad no producirá efectos si el acuerdo correspondiente se presentase en el Registro Mercantil una vez transcurrido el plazo de duración de la sociedad.

Artículo 239. Título inscribible.
1. La inscripción de la disolución de las sociedades anónimas, de responsabilidad limitada y comanditarias por acciones por causa legal o estatutaria distinta del mero transcurso del tiempo de duración de la sociedad, se practicará en virtud de escritura pública o testimonio judicial de la sentencia firme por la que se hubiera declarado la disolución de la sociedad.

2. La inscripción de la disolución de las sociedades colectivas y comanditarias simples se practicará en virtud de testimonio judicial de la sentencia firme por la que se hubiera declarado la disolución de la sociedad o en virtud

de escritura pública, otorgada por todos los socios colectivos. En cuanto a los socios comanditarios, se estará a lo dispuesto en la escritura social.

3. En caso de quiebra de la sociedad o de cualquiera de los socios colectivos, la inscripción se practicará en virtud de testimonio de la resolución judicial firme que declare la quiebra.

4. En caso de muerte o declaración judicial de fallecimiento de un socio colectivo, la inscripción se practicará en virtud de instancia a la que se acompañará el certificado del Registro Civil o testimonio judicial del auto correspondiente.

Artículo 240. Circunstancias de la inscripción.
En la inscripción de la disolución se harán constar, además de las circunstancias generales, la causa que la determina, el cese de los administradores, las personas encargadas de la liquidación en los términos previstos en el artículo 243 y las normas que, en su caso, hubiere acordado la Junta general o la asamblea de socios para la liquidación y división del haber social.

Artículo 241. Anotación preventiva de demanda de disolución de la sociedad.
Podrá practicarse anotación preventiva de la demanda de disolución judicial de la sociedad en los términos previstos en los artículos 155 y 156 de este Reglamento.

Artículo 242. Reactivación de la sociedad disuelta.
1. La inscripción de la reactivación de la sociedad disuelta se practicará en virtud de la escritura pública que documente el acuerdo de reactivación.

2. Para su inscripción en el Registro Mercantil, en la escritura se harán constar, además de las circunstancias generales, las siguientes:

1. La manifestación de los otorgantes de que, en su caso, ha desaparecido la causa de disolución que motivó el acuerdo respectivo y que no ha

comenzado el pago de la cuota de liquidación a los socios. Si la sociedad fuera anónima, de responsabilidad limitada o comanditaria por acciones, se hará constar, además, que el patrimonio contable no es inferior al capital social.
2. La fecha de publicación del acuerdo de reactivación en el Boletín Oficial del Registro Mercantil o la de la comunicación escrita a cada uno de los socios que no hayan votado a favor del acuerdo, si éste diese lugar al derecho de separación.
3. La declaración de los otorgantes sobre la inexistencia de oposición por parte de los acreedores y obligacionistas o, en su caso, la identidad de quienes se hubiesen opuesto, el importe de su crédito y las garantías que hubiese prestado la sociedad.
4. El nombramiento de los administradores y el cese de los liquidadores.

Sección II. De la liquidación de sociedades y del cierre de su hoja registral

Artículo 243. Nombramiento de liquidadores.

1. En la inscripción del nombramiento de los liquidadores, que podrá ser simultáneo o posterior a la disolución, se hará constar su identidad y el modo en que han de ejercitar sus facultades. En el caso de sociedad de responsabilidad limitada, quienes fueren administradores al tiempo de la disolución quedarán convertidos en liquidadores, salvo que se hubieren designado otros en los estatutos sociales o que, al acordar la disolución, los designe la Junta general.

2. El nombramiento de liquidadores sin fijación de plazo se entenderá efectuado por todo el período de liquidación.

Artículo 244. Nombramiento de interventor.

En la inscripción del nombramiento del interventor a que se refiere el artículo 269 de la Ley de Sociedades Anónimas se hará constar su identidad, expresando las circunstancias de su designación.

Artículo 245. Título inscribible.

El nombramiento de liquidadores o interventores se inscribirá en virtud de cualquiera de los títulos previstos para la inscripción de los administradores o en virtud de testimonio judicial de la sentencia firme por la que se hubieren nombrado. Queda a salvo el caso previsto por el artículo 238.

Artículo 246. Cesión global del activo y del pasivo.

1. Cuando exista cesión global del activo y del pasivo, la cesión se hará constar en escritura pública otorgada por la sociedad cedente y por el cesionario o cesionarios.

2. En la inscripción de la cesión global se harán constar, además de las circunstancias generales, las siguientes:

   1. La fecha de publicación del acuerdo de cesión en el Boletín Oficial del Registro Mercantil y en un diario de gran circulación en el lugar del domicilio social. En el anuncio se hará constar el derecho de los acreedores de la sociedad cedente y de los acreedores del cesionario o cesionarios a obtener el texto íntegro del acuerdo de cesión, así como el derecho de dichos acreedores a oponerse a la cesión en el plazo de un mes.
   2. La declaración de la sociedad cedente sobre la inexistencia de oposición en el plazo antes indicado por parte de los acreedores y obligacionistas o, en su caso, la identidad de quienes se hubiesen opuesto, el importe de su crédito y las garantías que hubiere prestado el cesionario.

Artículo 247. Cancelación de los asientos registrales de la sociedad.

1. Si la sociedad extinguida fuera colectiva o comanditaria simple, se presentará en el Registro la correspondiente escritura pública en la que conste la

manifestación de los liquidadores de que se han cumplido las disposiciones legales y estatutarias.
A la escritura se incorporará el balance final de liquidación y la relación de los socios, en la que conste su identidad y el valor de la cuota de liquidación que les hubiera correspondido a cada uno.

2. Si la sociedad extinguida fuera anónima, de responsabilidad limitada o comanditaria por acciones, se presentará en el Registro la correspondiente escritura pública en la que consten las siguientes manifestaciones de los liquidadores:

1. Que el balance final de liquidación ha sido aprobado por la Junta general.
Si la sociedad extinguida fuera de responsabilidad limitada, los liquidadores deberán manifestar que también han sido aprobados el informe completo sobre las operaciones de liquidación y el proyecto de división entre los socios del activo resultante. Si la sociedad extinguida fuera anónima o comanditaria por acciones, en la escritura pública se hará constar, además, que ha sido publicado el balance final de liquidación en el Boletín Oficial del Registro Mercantil y en uno de los diarios de mayor circulación en el lugar del domicilio social, acreditando la fecha de las respectivas publicaciones.
2. Que ha transcurrido el plazo para impugnarlo, sin que contra él se hayan formulado reclamaciones, o que ha alcanzado firmeza la sentencia que las hubiere resuelto.
3. Que se ha procedido a la satisfacción de los acreedores o a la consignación o aseguramiento de sus créditos, con expresión del nombre de los acreedores pendientes de satisfacción y del importe de las cantidades consignadas y de las aseguradas, así como la entidad en que se hubieran consignado y la que hubiera asegurado el pago de los créditos no vencidos.
4. Que se ha procedido al reparto entre los socios del haber social existente, o que han sido consignadas en depósito, a disposición de sus

legítimos dueños las cuotas no reclamadas, con expresión de su importe, y, en su caso, que se ha procedido a la anulación de las acciones.

3. A la escritura se incorporará el balance final de liquidación y, en el caso de sociedad de responsabilidad limitada, la relación de los socios en la que conste su identidad y el valor de la cuota de liquidación que les hubiere correspondido a cada uno. Si la cuota de liquidación se hubiere satisfecho mediante la entrega de otros bienes sociales, se describirán en la escritura, con indicación de sus datos registrales, si los tuvieran, así como el valor de cada uno de ellos.

4. En la inscripción se transcribirá el balance final de liquidación y, en el caso de sociedades de responsabilidad limitada, se hará constar la identidad de los socios y el valor de la cuota de liquidación que hubiere correspondido a cada uno de ellos, expresando que quedan cancelados todos los asientos relativos a la sociedad.

5. Con la escritura se depositarán en el Registro Mercantil los libros de comercio, la correspondencia, la documentación y los justificantes concernientes al tráfico de la sociedad, salvo que en dicha escritura los liquidadores hubieran asumido el deber de conservación de dichos libros y documentos durante el plazo de seis años a contar desde la fecha del asiento de cancelación de la sociedad, o manifestado que la sociedad carece de ellos.
En el caso de depósito de libros y documentos, que deberán relacionarse en la escritura o en instancia con firma legitimada, el Registrador Mercantil estará obligado a conservarlos durante seis años a contar desde la fecha del asiento de cancelación de la sociedad.

Artículo 248. Activo sobrevenido.
1. En caso de que aparecieran bienes o derechos de sociedad cancelada, los liquidadores otorgarán escritura pública de adjudicación de la cuota adicional a los antiguos socios, que presentarán a inscripción en el Registro Mercantil en el que la sociedad hubiera figurado inscrita.

2. Presentada a inscripción la escritura, el Registrador Mercantil, no obstante la cancelación efectuada, procederá a inscribir el valor de la cuota adicional de liquidación que hubiera correspondido a cada uno de los antiguos socios.

3. En el caso de que el Juez competente hubiere acordado el nombramiento de persona que sustituya a los liquidadores para la conversión en dinero de los bienes y derechos a que se refiere el apartado primero y para la adjudicación de la cuota adicional a los antiguos socios, el Registrador Mercantil, no obstante la cancelación efectuada, procederá a inscribir el nombramiento de dicha persona en virtud de testimonio judicial de la resolución correspondiente.

Capítulo IX. De la inscripción de sociedades especiales

Sección I. De la inscripción de las sociedades de garantía recíproca

Artículo 249. Contenido de la hoja.

En la hoja abierta a cada sociedad de garantía recíproca se inscribirá, además de los actos enumerados en el artículo 94 en la medida en que sean compatibles con su específica regulación, el importe anual del capital suscrito.

Artículo 250. Circunstancias de la primera inscripción.

En la primera inscripción de las sociedades de garantía recíproca se harán constar las circunstancias siguientes:

1. La identidad de los socios.

2. El metálico que cada socio aporte o se obligue a aportar, indicando el número de cuotas sociales que se le atribuyan.

3. Los estatutos que han de regir el funcionamiento de la sociedad.

4. La identidad de las personas a quienes se encomienda inicialmente la administración y representación de la sociedad.

Artículo 251. Legalización de libros.
El libro registro de socios y el libro que contenga la relación de las garantías otorgadas por la sociedad deberán presentarse en el Registro Mercantil para su legalización, que se practicará en los términos establecidos por este Reglamento.

Artículo 252. Cifra de capital.
Las sociedades de garantía recíproca presentarán anualmente en el Registro Mercantil, al tiempo en que depositen sus cuentas, certificación expedida por su órgano de administración, con firmas legitimadas notarialmente, en la que se indique la cifra efectiva de capital social al cierre del ejercicio. La certificación habrá de ser de fecha anterior en un mes, como máximo, a la de presentación de las cuentas en el Registro.

Artículo 253. Derecho supletorio.
En lo no previsto en los artículos anteriores, las inscripciones referentes a sociedades de garantía recíproca se practicarán de conformidad con lo dispuesto en su legislación específica y, en la medida en que resulten compatibles, por las reglas relativas a la inscripción de sociedades anónimas contenidas en este Reglamento.

Sección II. De la inscripción de las cooperativas de crédito, de las mutuas y cooperativas de seguros y de las mutualidades de previsión social

Artículo 254. Contenido de la hoja.
En la hoja abierta a cada una de las Cooperativas de crédito y de las Mutuas y Cooperativas de seguros se inscribirán, además de las circunstancias enumeradas en el artículo 94, en la medida en que sean compatibles con su específica regulación, las siguientes:

1. El nombramiento y cese de los miembros del Consejo Rector o del Consejo de Administración y del Director general, así como la delegación de facultades que realice el órgano de administración.

2. La agrupación temporal.

Artículo 255. Circunstancias de la inscripción primera.
En la inscripción primera de las Cooperativas de crédito y de las Mutuas y Cooperativas de seguros, se harán constar las siguientes circunstancias:

1. La identidad de los fundadores o, en su caso, de los otorgantes.

2. El metálico, bienes o derechos que cada fundador aporte, indicando sus datos registrales, si los tuviere, el título o concepto en que haga la aportación y el valor atribuido a las aportaciones no dinerarias.

3. Los estatutos de la entidad.

4. La identidad dcl Director o Directores generales.

5. Los pactos lícitos que establezcan los fundadores.

Artículo 256. Título inscribible de las cooperativas de crédito.
1. La inscripción primera de las cooperativas de crédito se practicará en virtud de escritura pública a la que se haya incorporado la preceptiva autorización del Ministerio de Economía y Hacienda, y a la que se acompañe certificación acreditativa de su inscripción en el Registro correspondiente del Banco de España.

2. La ulterior inscripción en el Registro de Cooperativas del Ministerio de Trabajo y Asuntos Sociales, o de la Comunidad Autónoma que corresponda,

se hará constar en el Registro Mercantil mediante nota marginal. Esta regla será aplicable asimismo a las cooperativas de seguros.

Artículo 257. Inscripción de las Mutualidades de previsión social.
1. La inscripción de las Mutualidades de previsión social se regirá por los artículos anteriores en la medida en que le sean aplicables.

2. En la primera inscripción se hará constar, en particular, el número de asociados, que no podrá ser inferior al mínimo establecido legalmente.

Artículo 258. Norma supletoria.
En lo no previsto en los artículos anteriores, las inscripciones referentes a cooperativas de crédito y de seguros, así como a Mutualidades de previsión social se practicarán de conformidad a lo que disponga su legislación específica y, en la medida en que resulten compatibles, por las reglas relativas a la inscripción de las sociedades anónimas contenidas en este Reglamento.

Sección III. De la inscripción de las sociedades de inversión mobiliaria e inmobiliaria

Artículo 259. Contenido de la hoja.
En la hoja abierta a las Sociedades de inversión mobiliaria o inmobiliaria se hará constar, además de las circunstancias enumeradas en el artículo 94, en la medida en que sean compatibles con su específica regulación, las siguientes:

1. La constitución, en su caso, de la Comisión de Control de Gestión y Auditoría, así como el nombramiento, revocación y cese de sus miembros, con expresa indicación de los que ejerzan las funciones de Presidente y Secretario.

2. El nombramiento, en su caso, de una entidad gestora o un depositario, así como su sustitución.

3. Si se tratase de una sociedad de capital variable, se expresará anualmente el importe del capital suscrito.

Artículo 260. Comisión de Control.

1. La Constitución de la Comisión de Control se inscribirá en virtud de certificación del acuerdo de la Junta general de la sociedad, expedida conforme a las reglas de los artículos 109 y siguientes de este Reglamento.

2. El nombramiento de Presidente y Secretario y los demás acuerdos de la Comisión de Control se inscribirán en virtud de certificación expedida por el Secretario con el visto bueno del Presidente, cuyas firmas estén legitimadas notarialmente.

Artículo 261. Nombramiento de gestora y depositario.

1. El nombramiento de entidad gestora y el de depositario se practicarán en virtud de escritura pública que recoja el correspondiente acuerdo de la Junta general, en la que se hará constar que el designado se halla inscrito en el Registro administrativo de entidades gestoras y depositarias de inversión colectiva.

2. La inscripción deberá expresar las facultades que se encomienden a la entidad gestora en orden a la administración de los activos de la sociedad.

3. La inscripción de la sustitución de la entidad gestora o depositaria se verificará en virtud de escritura pública.

Artículo 262. Cifra de capital.

Las Sociedades de inversión mobiliaria de capital variable presentarán anualmente en el Registro Mercantil, al mismo tiempo en que depositen sus cuentas, una certificación expedida por su órgano de administración, con firmas legitimadas notarialmente, en la que se indique la cifra efectiva del capital social suscrito al cierre del ejercicio económico. La certificación habrá de ser de fecha anterior en un mes, como máximo, a la presentación de las cuentas en el Registro.

Artículo 263. Derecho supletorio.
En lo no previsto en los artículos anteriores las inscripciones referentes a sociedades de inversión colectiva se practicarán de conformidad con lo dispuesto en su legislación específica y, en la medida en que resulten compatibles, por las reglas relativas a la inscripción de sociedades anónimas contenidas en este Reglamento.

Sección IV. De la inscripción de las agrupaciones de interés económico

Artículo 264. Contenido de la hoja.
En la hoja abierta a cada Agrupación de interés económico se inscribirán, además de las circunstancias previstas en el artículo 94, en la medida en que sean compatibles con su específica regulación, la admisión de nuevos socios con indicación, en su caso, de la cláusula por la que se les exonera de las deudas anteriores a la misma, así como la separación o exclusión de los existentes, y la transmisión de participaciones o fracciones de ellas entre los socios.

Artículo 265. Circunstancias de la primera inscripción.
En la inscripción primera de las Agrupaciones de interés económico se harán constar las siguientes circunstancias:

1. La identidad de los empresarios o profesionales liberales que la constituyan.

2. La denominación de la agrupación, que deberá ir precedida o seguida de la expresión Agrupación de Interés Económico, o de sus siglas A.I.E.

3. El objeto que, como actividad económica auxiliar de la que desarrollen los socios, va a realizar la agrupación.

4. La cifra del capital social, si la tuviere, con expresión numérica de la participación que corresponde a cada miembro.

5. La duración y la fecha de comienzo de sus operaciones.

6. El domicilio social.

7. Los requisitos de convocatoria, formas de deliberar y mayorías necesarias para adoptar acuerdos la Asamblea, si se estableciesen especialmente.

8. La estructura del órgano de administración, con indicación del número de miembros que lo componen o, al menos, el máximo y el mínimo, así como de los requisitos para el nombramiento y revocación de administradores y su régimen de actuación.

9. Las reglas para determinar la participación de los miembros en los resultados económicos.

10. Las causas de disolución pactadas.

11. Los demás pactos lícitos que se hubiesen estipulado.

Artículo 266. Admisión, separación y exclusión de socios.
1. La inscripción de la admisión de nuevos socios se practicará en virtud de escritura pública otorgada por el socio o socios que se incorporan y por el administrador facultado para ello por acuerdo unánime de los miembros de la Asamblea.

2. La separación de un socio por mediar alguna justa causa prevista en el contrato, se hará constar en escritura pública otorgada por el propio interesado, en la que consten la causa alegada y la notificación fehaciente a la agrupación.

La inscripción no se extenderá hasta transcurridos quince días desde la fecha de la notificación, siempre que no haya oposición por parte de la agrupación.
Caso de existir oposición, se suspenderá la inscripción hasta que decidan los Tribunales, pudiendo tomarse anotación preventiva por el plazo de un año.

3. Para su inscripción, la exclusión de un socio por causa prevista en la escritura de constitución deberá constar en escritura pública otorgada por el administrador facultado por acuerdo unánime del resto de los socios, en la que se expresarán la causa alegada y la notificación fehaciente al excluido.
La inscripción no se extenderá hasta transcurrido un mes desde la fecha de la notificación al socio excluido. Si dentro del plazo señalado se acreditare la impugnación judicial del acuerdo de exclusión, se suspenderá la inscripción hasta que recaiga sentencia firme.
No obstante, cuando la exclusión sea debida a la muerte o declaración judicial de fallecimiento del socio o al transcurso del plazo establecido, podrá practicarse la inscripción en virtud de instancia en la que se consignará la causa de la exclusión y a la que se acompañará, en su caso, certificación del Registro Civil.

Artículo 267. Derecho supletorio.

1. Las inscripciones posteriores, en cuanto recojan actos de modificación, transformación, fusión, disolución y liquidación de la agrupación, se practicarán en virtud de los mismos títulos y con los requisitos previstos para las de las sociedades colectivas, salvo que su legislación específica disponga otra cosa.

2. La inscripción del nombramiento y cese de administradores y liquidadores, así como los poderes que éstos otorguen, modifiquen o revoquen, se regirá por las reglas generales previstas en este Reglamento para las sociedades anónimas.

Artículo 268. Agrupaciones europeas de interés económico.

Las inscripciones relativas a las Agrupaciones europeas de interés económico quedarán sujetas a las disposiciones que sobre titulación exigible y circunstancias que han de expresarse y, en general, sobre el régimen registral de estas entidades, están contenidas en el Reglamento de la Comunidad Europea 2137/1985, de 25 de julio, y en la Ley 12/1991, de 29 de abril, de Agrupaciones de Interés Económico.
La denominación de estas agrupaciones deberá ir precedida o seguida de la expresión Agrupación Europea de Interés Económico o de sus siglas AEIE.
No serán inscribibles las emisiones de obligaciones.

Artículo 269. Cambio de domicilio.
1. Cuando una agrupación europea de interés económico cuya sede radique en territorio español se proponga trasladar su domicilio al extranjero, deberá inscribirse en el Registro Mercantil el proyecto de traslado, aprobado por acuerdo unánime de todos sus socios.
Transcurridos dos meses desde su publicación en el Boletín Oficial del Registro Mercantil, podrá cerrarse la hoja, siempre que no conste la oposición del Gobierno y se acredite la inscripción en el Registro del nuevo domicilio.

2. Cuando una agrupación europea de interés económico cuyo domicilio radique en el extranjero hubiese acordado el traslado de éste a territorio español, se le abrirá hoja en el Registro correspondiente al nuevo domicilio, haciéndose constar en la primera inscripción todas las circunstancias que figuren en el Registro extranjero y sean de inscripción obligatoria conforme a la legislación española.

Sección V. De la inscripción de las sociedades civiles
Introducido por el Real Decreto 1867/1998, de 4 de septiembre. Anulado por sentencia de la Sala Tercera del Tribunal Supremo.

Artículo 269 bis. Inscripción de las sociedades civiles. Introducido por el Real Decreto 1867/1998, de 4 de septiembre. Anulado por sentencia de la Sala Tercera del Tribunal Supremo.

Capítulo X. De la inscripción de otras entidades

Sección I. De la inscripción de las Cajas de Ahorro

Artículo 270. Contenido de la hoja.
En la hoja abierta a cada Caja de Ahorros se inscribirán:

1. La constitución de la misma, que necesariamente será la inscripción primera.

2. El aumento o disminución de la cifra del fondo de dotación y cualquier otra modificación de los estatutos o de los reglamentos.

3. El nombramiento y el cese de los miembros del Consejo de Administración, de los miembros de la comisión de control y, en su caso, de los miembros de la comisión ejecutiva.

4. La distribución de cargos dentro de los órganos colegiados de Gobierno.

5. El nombramiento y cese del Director general.

6. El nombramiento y cese de liquidadores y auditores.

7. El otorgamiento, sustitución, modificación y revocación de poderes generales.

8. La apertura, cierre y demás actos y circunstancias relativos a las sucursales, en los términos prevenidos en los artículos 295 y siguientes.

9. La emisión de cuotas participativas.

10. La emisión de obligaciones u otros valores negociables agrupados en emisiones y demás actos y circunstancias relativos a las mismas, en los tér-

minos previstos en los artículos 310 y siguientes, en cuanto resulten aplicables.

11. Redacción según Real Decreto 685/2005, de 10 de junio. Las resoluciones judiciales inscribibles relativas al concurso, voluntario o necesario, principal o acumulado, de la caja de ahorros y las medidas administrativas de intervención de conformidad con lo previsto en los artículos 320 y siguientes.

12. La fusión, escisión, disolución y liquidación de la entidad.

13. En general, los actos o contratos que modifiquen el contenido de los asientos practicados o cuya inscripción esté prevista por las Leyes.

Artículo 271. Circunstancias de la primera inscripción.
En la primera inscripción de una Caja de Ahorros se harán constar las siguientes circunstancias:

1. La identidad de los fundadores. Si la fundación se realizara por una entidad pública, bastará con expresar la denominación de la misma.

2. Los estatutos y reglamentos que han de regir su funcionamiento, de conformidad con lo previsto en el artículo siguiente.

3. La identidad de las personas que se encarguen inicialmente de la administración y representación de la entidad.

Artículo 272. Estatutos.
Para su inscripción, los estatutos de las Cajas de Ahorro deberán contener las circunstancias siguientes:

1. La denominación, en la que deberá incluirse la expresión Caja de Ahorros y, en su caso, Monte de Piedad.

2. El domicilio de la entidad.

3. Las actividades que constituyan su objeto específico.

4. La cuenta del fondo de dotación.

5. Los órganos de gobierno, en los términos establecidos en el artículo siguiente.

6. El número de miembros que han de integrar la Asamblea general y el sistema de su designación.

7. La determinación de las funciones que correspondan al Director general, con indicación del plazo de duración del cargo, de la posibilidad o no de su reelección y de la edad a la que necesariamente habrá de producirse su jubilación.

8. Las reglas que, en su caso, hayan de regir la disolución y liquidación de la entidad.

9. Las demás reglas o pactos lícitos que los fundadores acuerden establecer.

Artículo 273. Órganos de Gobierno.
En la mención relativa a los órganos del Gobierno habrán de indicarse las siguientes circunstancias:

1. El número de miembros que han de integrar el Consejo de Administración y la Comisión de Control y, en su caso, la Comisión Ejecutiva, o máximo y mínimo de los mismos.

2. El plazo de duración de los cargos, indicando si cabe o no reelección.

3. Las reglas que hayan de regir la renovación parcial.

4. Las competencias y facultades de cada uno de los órganos, con expresión concreta de a quién corresponde el nombramiento de auditores.

5. Los requisitos de convocatoria, con indicación de los correspondientes plazos y de las condiciones de publicidad.

6. El quórum de constitución del órgano, con distinción, en su caso, de primera y segunda convocatoria, así como las mayorías necesarias para la válida adopción de acuerdos.

7. El modo de cubrir las vacantes que se produzcan.

Artículo 274. Título inscribible.

1. La inscripción primera de las Cajas de Ahorros se practicará en virtud de escritura pública.

2. La inscripción del nombramiento de los Consejeros de Administración y de los miembros de la Comisión de Control se practicará en virtud de certificación del acuerdo de la Asamblea general, y la de los miembros de la Comisión Ejecutiva en virtud de certificación del acuerdo del Consejo de Administración, debiendo en ambos casos hallarse las firmas legitimadas notarialmente.
La distribución de cargos dentro de cada órgano colegiado se realizará en virtud de certificación del acuerdo del propio órgano.

3. La inscripción del nombramiento de Director general se practicará en virtud de escritura pública, a la que se incorporarán los documentos de los que resulte el acuerdo del Consejo de Administración y la confirmación de la Asamblea general.

Artículo 275. Anotación preventiva de la propuesta de suspensión de acuerdos.

1. Podrá practicarse anotación preventiva en el Registro Mercantil de los acuerdos de la Comisión de Control por los que se proponga al Ministerio

de Economía y Hacienda o, en su caso, a la Comunidad Autónoma correspondiente, la suspensión de acuerdos inscribibles del Consejo de Administración.

2. La anotación se practicará en virtud de certificación de la Comisión de Control, con nota que acredite haberse presentado a la Administración competente.

3. La anotación preventiva caducará en el plazo de tres meses, desde su fecha.

Artículo 276. Derecho supletorio.
En lo no previsto en los artículos anteriores, las inscripciones relativas a Cajas de Ahorro se practicarán de conformidad con lo dispuesto en su legislación específica y, en la medida en que resulten compatibles, por las reglas referentes a la inscripción de sociedades anónimas contenidas en este Reglamento.

Sección II. De la inscripción de los fondos de inversión

Artículo 277. Registro competente.
Los fondos de inversión se inscribirán en el Registro Mercantil correspondiente al domicilio de la entidad gestora.

Artículo 278. Contenido de la hoja.
En la hoja abierta a cada Fondo de Inversión Mobiliaria, Fondo de Inversión en Activos del Mercado Monetario y Fondo de Inversión Inmobiliaria, se inscribirán:

1. La constitución del fondo, que necesariamente será la inscripción primera.

2. La prórroga del plazo de duración del mismo.

3. El reglamento de gestión y sus modificaciones.

4. La transformación, disolución y liquidación.

5. La sustitución de la entidad gestora y de la depositaria y el cese en su actividad, cualquiera que fuese la causa.

6. La admisión a cotización oficial en el mercado secundario de valores, así como su exclusión.

7. Las medidas de intervención de la entidad gestora acordadas por la Administración, así como la suspensión de la suscripción o reembolso de las participaciones.

8. En general, los actos y contratos que modifiquen el contenido de los asientos practicados o cuya inscripción esté prevista por las Leyes.

Artículo 279. Títulos inscribibles.

1. La inscripción primera de los Fondos de inversión se practicará en virtud de escritura pública otorgada por las entidades gestora y depositaria, en la que habrá de acreditarse la inscripción de éstas en el Registro de entidades gestoras y depositarias de inversión colectiva.

2. La admisión a negociación en un mercado secundario oficial, así como la exclusión del mismo, se harán constar en virtud de los documentos que señala el apartado tercero del artículo 95 de este Reglamento.

3. La inscripción de la sustitución de la gestora o del depositario se verificará en virtud de escritura pública en la que se consignará la manifestación a que se refiere el artículo 281 y a la que se incorporará la correspondiente autorización administrativa.

Artículo 280. Circunstancias de la primera inscripción.

En la primera inscripción de un fondo de inversión se harán constar las circunstancias siguientes:

1. La denominación del mismo, que deberá ir seguida de la expresión Fondo de Inversión Mobiliaria, en siglas F.I.M, o Fondo de Inversión en Activos del Mercado Monetario, en siglas F.I.A.M.M., o de cualquier otra de acuerdo con la legislación aplicable al fondo, según proceda.

2. Su objeto, que estará limitado a las actividades señaladas en la Ley.

3. El patrimonio del fondo en el momento de su constitución, describiendo las aportaciones conforme a su naturaleza e indicando el número de participaciones que lo integran en el momento fundacional.

4. La identidad de la sociedad gestora y del depositario.

5. El reglamento de gestión del fondo, que expresará todas las circunstancias señaladas en el artículo 35 del Reglamento de la Ley de Instituciones de Inversión Colectiva.

Artículo 281. Modificaciones especiales.

La inscripción de las modificaciones del reglamento de gestión que afecten a la política de inversiones, la determinación de resultados y su distribución, los requisitos para la modificación del contrato o del propio reglamento de gestión, la conversión del fondo en sociedad, el establecimiento o modificación de las comisiones de gestión y el reembolso o depósito de valores, se practicará en virtud de escritura en la que deberá expresarse, bajo manifestación de las entidades gestora y depositaria, que se ha realizado la notificación de la modificación a los partícipes para que, en su caso, ejerciten su derecho al reembolso, y que ha transcurrido un mes desde tal notificación.

Artículo 282. Disolución forzosa.

1. En el supuesto de cesación por cualquier causa de la gestora o del depositario en sus actividades, y transcurrido un año sin que una nueva entidad asuma sus funciones, el fondo quedará disuelto, haciéndose constar esta

circunstancia en el Registro, en virtud de escritura pública otorgada por la gestora o el depositario, según proceda.

2. En la inscripción de la disolución se harán constar la causa que motivó el cese en sus actividades, el hecho de haberse iniciado el procedimiento de liquidación y el nombramiento de liquidadores.

Artículo 283. Cancelación de la hoja.
Terminada la liquidación, se procederá a cerrar la hoja abierta al fondo, previa presentación de la correspondiente escritura pública de la que deberá resultar el cumplimiento de los requisitos establecidos en el artículo 47 del Reglamento de Instituciones de Inversión Colectiva.

Artículo 284. Medidas de intervención.
Las medidas de intervención y sustitución que afecten a una entidad gestora de fondos de inversión mobiliaria, de fondos de inversión inmobiliaria o de fondos de inversión en activos del mercado monetario, se inscribirán en la hoja de la gestora y en las hojas abiertas a cada uno de los fondos que gestione.

Sección III. De la inscripción de los fondos de pensiones

Artículo 285. Registro competente.
Los fondos de pensiones se inscribirán en el Registro Mercantil del domicilio de la entidad gestora. También podrán inscribirse en el Registro correspondiente al domicilio de cualquiera de los promotores.

Artículo 286. Contenido de la hoja.
En la hoja abierta a cada fondo de pensiones se inscribirán:

1. La constitución del fondo, que necesariamente será la inscripción primera.

2. Los acuerdos de integración o adscripción de planes de pensiones en el mismo, así como su movilización a otro fondo de pensiones.

3. El nombramiento y cese de los miembros de la Comisión de Control.

4. La delegación de las facultades de representación del fondo que realice la Comisión de Control en la entidad gestora.

5. La modificación de las normas de funcionamiento del fondo, así como la alteración de su naturaleza abierta o cerrada.

6. La sustitución de la entidad gestora y de la depositaria y el cese en su actividad, cualquiera que fuese la causa.

7. Las medidas administrativas que afecten a la entidad gestora o a sus administradores, al fondo de pensiones o a alguno de los planes integrados en el mismo, o a sus comisiones de control, en los términos previstos en los artículos 326 y siguientes.

8. La disolución y liquidación del fondo.

9. En general, los actos y contratos que modifiquen el contenido de los asientos practicados o cuya inscripción esté prevista por las Leyes.

Artículo 287. Circunstancias de la primera inscripción.

1. En la inscripción primera de un fondo de pensiones se harán constar las circunstancias siguientes:

> 1. La denominación del mismo, seguida de la expresión Fondo de Pensiones o, en siglas, F.P.
> 2. La identidad de la entidad o entidades promotoras y de las entidades gestora y depositaria.
> 3. La naturaleza abierta o cerrada del fondo, así como las clases de planes que pueda integrar.
> 4. El patrimonio inicial del fondo, si lo tuviere, describiendo, en su caso, las aportaciones realizadas conforme a su naturaleza.

5. Las normas de funcionamiento.

2. En el acta de inscripción se hará constar expresamente que el asiento se practica sin perjuicio de lo dispuesto en el artículo 289 de este Reglamento.

Artículo 288. Registro especial.
No se practicará asiento alguno posterior al regulado en el artículo precedente, mientras no se extienda al margen del mismo nota acreditativa de la inscripción del fondo en el Registro administrativo especial que corresponda.

Artículo 289. Caducidad de la inscripción.
Dentro de los cuatro meses siguientes a la fecha del asiento de constitución del fondo, sin que se haya acreditado su inscripción en el Registro administrativo o, en su caso, interpuesto el oportuno recurso contra la resolución denegatoria, expresa o por silencio, caducará aquel asiento y podrá ser cancelado de oficio por nota marginal. La interposición del recurso citado se hará constar por nota marginal.

Artículo 290. Inscripción de planes de pensiones.
En la inscripción de los acuerdos de integración de los planes de pensiones en el fondo se harán constar las siguientes circunstancias:

1. La identidad del promotor o promotores del plan. Si se tratase de una promoción colectiva, se consignarán los datos necesarios para identificar al grupo.

2. Las características y contenido del plan y, cuando éste fuese el único plan integrado en el fondo, las circunstancias identificativas de la Comisión de Control, o, en su caso, de la Comisión promotora del plan, de conformidad con lo establecido en el artículo siguiente.

Artículo 291. Circunstancias del nombramiento y cese de los miembros de la Comisión de Control y de la sustitución y

renuncia de las entidades gestora y depositaria.

1. En la inscripción del nombramiento o cese de los miembros de la Comisión de Control del fondo se hará constar la identidad de los afectados, así como el plazo de duración de su mandato, que no podrá exceder de cuatro años.

2. En la inscripción de la sustitución legal o voluntaria de la entidad gestora o depositaria de un fondo se hará constar la identidad de la nueva entidad, consignándose asimismo la causa de la sustitución y las garantías que, en su caso, haya constituido la entidad sustituida para responder de su gestión.

3. En la inscripción de la renuncia efectuada por la entidad gestora o depositaria se hará constar que aquélla no produce efecto hasta transcurridos dos años desde la notificación fehaciente a la Comisión de Control del fondo. La fecha de dicha notificación se consignará asimismo en la inscripción.

4. En la inscripción del cese de la entidad gestora o depositaria por disolución, por suspensión de pagos o quiebra, por exclusión del Registro especial que corresponda o por otra razón, se hará constar la causa del cese y la indicación de que el fondo quedará disuelto si en el plazo de un año no se designa nueva entidad gestora o depositaria. Si cesare la entidad gestora, se expresará que la gestión queda provisionalmente encomendada a la entidad depositaria. Si cesare la entidad depositaria, se indicará que los activos financieros y el efectivo del fondo se han depositado en el Banco de España.

Artículo 292. Título inscribible.

1. La inscripción de la constitución, de la modificación de las normas de funcionamiento, de la sustitución de la entidad gestora o depositaria, de la delegación de facultades de representación, de la disolución y liquidación del fondo, y del contrato que determine la movilización de un plan de pensiones, se practicará en virtud de escritura pública.

2. Para los demás actos bastará certificación del acuerdo del órgano u órganos correspondientes, cuyas firmas estén legitimadas notarialmente.

3. La facultad de certificar y elevar a público los anteriores actos corresponderá, a los efectos de la inscripción en el Registro Mercantil, al órgano de administración de la entidad gestora en los términos establecidos en la Sección III del Capítulo III del Título II de este Reglamento.

Artículo 293. Documentos complementarios.
1. A la escritura pública que recoja la modificación de las normas de funcionamiento de un fondo se acompañará la autorización administrativa previa.

2. A la escritura pública que recoja el acuerdo de disolución o la liquidación se acompañarán los documentos que acrediten los requisitos de publicidad, auditoría y garantía que previene la legislación de los fondos de pensiones.

3. A la escritura que refleje la sustitución de la entidad gestora o depositaria se acompañará, en su caso, el acuerdo de la Comisión de Control y el documento que acredite la aceptación de la nueva entidad.

4. A la certificación que acredite la integración de un plan de pensiones en un fondo se acompañarán una copia del plan y el correspondiente dictamen actuarial, que quedarán depositados en el Registro.

5. A la certificación que acredite la renuncia efectuada por la entidad gestora o depositaria se acompañará la notificación fehaciente a la Comisión de Control del fondo.

Artículo 294. Notas de referencia.
1. Inscrito un fondo de pensiones, se practicará en la hoja abierta a las entidades gestora y depositaria una nota marginal en la que se hará constar el hecho de haber asumido la condición de gestora o depositaria de un fondo y los datos de la inscripción registral del fondo.

2. Si la entidad gestora o depositaria estuviese inscrita en un Registro distinto de aquel en que se hubiese inscrito el fondo, se practicarán las oportunas comunicaciones de oficio entre los Registradores.

3. Para inscribir la sustitución de las personas que ocupan los órganos de administración de las entidades gestora o depositaria, deberá acreditarse fehacientemente el haberse notificado tal sustitución a la Comisión de Control del fondo.

Capítulo XI. De la inscripción de las sucursales y de los empresarios extranjeros

Sección I. De las sucursales

Artículo 295. Noción de sucursal.
A efectos de lo prevenido en este Reglamento, se entenderá por sucursal todo establecimiento secundario dotado de representación permanente y de cierta autonomía de gestión, a través del cual se desarrollen, total o parcialmente, las actividades de la sociedad.

Artículo 296. Registro competente.
1. La apertura de sucursales deberá inscribirse primeramente en la hoja abierta a la sociedad. Posteriormente, será objeto de inscripción separada en el Registro Mercantil correspondiente al domicilio de la sucursal.

2. Cuando el domicilio de la sucursal radique en la misma provincia en que esté situado el domicilio de la sociedad, la apertura de la sucursal solo se inscribirá en la hoja abierta a la sociedad.
No obstante, cuando el Registrador lo considere necesario para mayor claridad de los asientos, podrá abrirse hoja propia en el mismo Registro a las diversas sucursales de la misma circunscripción registral.

Artículo 297. Circunstancias de las inscripciones.

1. En la inscripción que se practique en la hoja abierta a la sociedad se hará constar el establecimiento de la sucursal, con indicación de:

1. Cualquier mención que, en su caso, identifique a la sucursal.
2. El domicilio de la misma.
3. Las actividades que, en su caso, se le hubiesen encomendado.
4. La identidad de los representantes nombrados con carácter permanente para la sucursal, con expresión de sus facultades.

2. En la primera inscripción de la hoja abierta a la sucursal se harán constar, además de las circunstancias anteriores, la identidad de la sociedad y el nombre y apellidos o denominación social de sus administradores, con indicación del cargo que ostenten.

Artículo 298. Sucesión de inscripciones.
1. Una vez inscrita la apertura de la sucursal en la hoja de la sociedad, ésta solicitará una certificación de la inscripción practicada y de los administradores cuyo cargo estuviese vigente, y la presentará en el Registro en cuya circunscripción radique la sucursal, a fin de que se practique la primera inscripción de la sucursal.

2. El Registrador correspondiente al domicilio de la sucursal, una vez practicada la primera inscripción, remitirá al Registrador Mercantil Central los datos que hayan de publicarse en el Boletín Oficial del Registro Mercantil y se refieran exclusivamente a la sucursal.

Artículo 299. Actos posteriores.
La disolución, el nombramiento de liquidadores, el término de la liquidación y la suspensión de pagos o la quiebra de la sociedad, así como la modificación de cualquiera de las circunstancias mencionadas en el artículo 297 y el cierre de la sucursal, una vez inscritos en la hoja de la sociedad, se harán constar en el Registro Mercantil del domicilio de la sucursal por medio de certificación.

Este remitirá los datos correspondientes al Registrador Mercantil Central cuando afecten exclusivamente a la sucursal.

Artículo 300. Inscripción de la primera sucursal establecida por sociedad extranjera.
1. Las sociedades extranjeras que establezcan una sucursal en territorio español la inscribirán en el Registro Mercantil correspondiente al lugar de su domicilio, presentando a tal efecto y debidamente legalizados, los documentos que acrediten la existencia de la sociedad, sus estatutos vigentes y sus administradores, así como el documento por el que se establezca la sucursal.

2. En la primera inscripción de la sucursal, además de las circunstancias relativas a la sociedad que resulten de los documentos presentados, incluidos los datos registrales de la misma, así como el nombre, apellidos y cargo de sus administradores, se harán constar las circunstancias contenidas en el apartado primero del artículo 297.

Artículo 301. Inscripción de la segunda o posterior sucursal establecida por sociedad extranjera.
Cuando una sociedad extranjera estableciere segunda o posteriores sucursales en territorio español, la primera inscripción de éstas contendrá:

1. Las circunstancias mencionadas en el apartado primero del artículo 297, según figuren en el documento por el que se establezca la sucursal.

2. Los datos registrales y, en su caso, la denominación de la sucursal en cuya hoja consten los datos relativos a la sociedad.

3. La identidad de los administradores de la sociedad, con indicación de sus cargos.

Artículo 302. Actos posteriores.

1. El cambio de la denominación y domicilio de la sociedad, el cese, renovación o nombramiento de nuevos administradores, la disolución, el nombramiento de liquidadores, el término de la liquidación y la quiebra o suspensión de pagos de la sociedad se harán constar en las hojas de todas las sucursales que tenga establecidas en territorio español.

2. La modificación de las circunstancias a que se refiere el apartado primero del artículo 297 se hará constar en la hoja de la sucursal afectada.

3. La modificación de los estatutos de la sociedad extranjera se hará constar en la hoja abierta en la sucursal en que consten los datos relativos a la sociedad.

Artículo 303. Cierre de la primera sucursal de sociedad extranjera.
1. No podrá cerrarse la hoja de la primera sucursal de sociedad extranjera, en el caso de que ésta tuviese otra u otras sucursales en España, sin que previamente se haya acreditado el traslado a la hoja de cualquiera de ellas de los datos relativos a la sociedad.

2. El traslado contemplado en el apartado anterior se regirá por las reglas sobre el traslado del domicilio.

Artículo 304. Publicación en el Boletín Oficial del Registro Mercantil.
Practicada la inscripción, el Registrador en cuya circunscripción radique una sucursal de sociedad extranjera, remitirá al Registrador Mercantil Central los datos que hayan de publicarse en el Boletín Oficial del Registro Mercantil.

Artículo 305. Publicidad formal de los datos de la sociedad.
1. La publicidad relativa a los datos de la sociedad podrá solicitarse y hacerse efectiva a través del Registro de la sucursal.

2. A tal efecto, presentada la solicitud en el Registro de la sucursal, éste oficiará por medio de telecopia al de la sociedad o al de la sucursal donde consten los datos relativos a la sociedad extranjera, al objeto de que le remita la información correspondiente.

3. El Registrador de destino hará la remisión por correo. No obstante, la nota simple habrá de remitirse por telecopia o procedimiento similar, cuando así se solicite.

Artículo 306. Eficacia frente a terceros.
En caso de discrepancia, los datos contenidos en la hoja abierta a la sucursal prevalecerán respecto de terceros de buena fe sobre los que figuren en la hoja de la sociedad.

Artículo 307. Ambito de aplicación.
Lo dispuesto en esta sección respecto de las sucursales de sociedades será aplicable a las sucursales o establecimientos secundarios del empresario individual, a las de las demás entidades españolas inscribibles y a las de las entidades extranjeras con personalidad jurídica y fin lucrativo.

Artículo 308. Documentación de la sucursal.
Los empresarios individuales, sociedades y entidades deberán hacer constar en toda la documentación, correspondencia, notas de pedido y facturas de su sucursal, además de las circunstancias establecidas en el artículo 24 del Código de Comercio, los datos de inscripción de la sucursal en el Registro Mercantil.

Sección II. De los empresarios extranjeros

Artículo 309. Traslado de domicilio a territorio nacional.
1. Cuando un empresario o entidad extranjera inscribible con arreglo a la legislación española traslade su domicilio a territorio nacional, se harán constar en la primera inscripción todos los actos y circunstancias que sean

de consignación obligatoria conforme a la normativa española y se hallen vigentes en el Registro extranjero.
Dicha inscripción se practicará en virtud de certificación literal o traslado de la hoja o expediente del Registro extranjero.

2. Será preciso, además, el depósito simultáneo en el Registro Mercantil de las cuentas anuales correspondientes al último ejercicio terminado.

Artículo 309 bis. Inscripción de sociedad anónima europea filial. Añadido por Real Decreto 659/2007, de 25 de mayo.
La constitución y demás actos inscribibles de una sociedad anónima europea filial se inscribirán en el Registro Mercantil de su domicilio conforme a lo dispuesto para las sociedades anónimas, identificando a las sociedades o entidades matrices conforme a lo dispuesto en el artículo 38 de este Reglamento.

Capítulo XII. De la inscripción de la emisión de obligaciones

Artículo 310. Circunstancias de la inscripción de la emisión.
1. La inscripción de la emisión de obligaciones se practicará en la hoja abierta o que a tal efecto se abra a la entidad emisora en el Registro Mercantil, en la que se expresarán las siguientes circunstancias:

1. La denominación de la entidad, el capital social desembolsado o la cifra de valoración de sus bienes, y, en su caso, el importe de las reservas que figuran en el último balance aprobado y de las cuentas de regularización y actualización de balances aceptadas por el Ministerio de Economía y Hacienda.
2. El importe total de la emisión y la serie o series de los valores que deban lanzarse al mercado, indicando si se representan por medio de títulos o por medio de anotaciones en cuenta.
3. Las condiciones de la emisión, la fecha en que deba abrirse la suscripción y el plazo para su realización.

4. El valor nominal, así como los intereses, vencimientos y primas y lotes de las obligaciones, si los tuviere.
5. Las garantías de la emisión, con indicación de sus datos identificadores y, en su caso, el Registro público donde se ha inscrito la hipoteca o la entidad depositaria de los efectos pignorados.
6. La constitución del Sindicato de obligacionistas, sus características y normas de funcionamiento, así como la indicación de su primer Presidente.
7. Las reglas fundamentales que hayan de regir las relaciones entre la sociedad y el Sindicato.

2. Si las obligaciones fueran convertibles en acciones, en la inscripción se consignarán las bases y modalidades de la conversión.

3. Cuando la entidad emisora no fuese sociedad anónima y no hubiere constituido al tiempo de la emisión el Sindicato de obligacionistas, las circunstancias 6 y 7 del apartado 1 se harán constar en inscripción separada mediante cualquiera de los títulos a que se refiere el artículo 9 de la Ley de 24 de diciembre de 1964.

Artículo 311. Constancia de la suscripción.
Agotada la suscripción de las obligaciones o transcurrido el plazo previsto al efecto, se hará constar al margen de la inscripción de la emisión la suscripción total o el importe efectivamente suscrito en virtud de acta notarial en la que el administrador de la sociedad manifieste bajo su responsabilidad la veracidad de dicho extremo, y a la que se incorporarán, en su caso, las matrices de los títulos emitidos.

Artículo 312. Nombramiento del Comisario.
Celebrada la primera reunión de la Asamblea general de obligacionistas, deberá inscribirse el acuerdo por el que se confirme en el cargo de Presidente al Comisario o el nombramiento, debidamente aceptado, de la persona que

haya de sustituirle. Todo cambio posterior en la titularidad del cargo de Presidente será necesariamente inscrito.

Artículo 313. Inscripción del Reglamento del Sindicato.
Deberá igualmente inscribirse el Reglamento del Sindicato válidamente aprobado por la Asamblea de obligacionistas o las modificaciones y adiciones que ésta hubiese introducido en las normas contenidas en la escritura de emisión relativas a la estructura y funcionamiento del Sindicato, así como las ulteriores revisiones de aquellos que la Asamblea acordare.

Artículo 314. Inscripción de la modificación de la emisión.
Toda modificación de las condiciones de la emisión convenida entre la sociedad y el Sindicato dentro de los límites de su competencia deberá inscribirse en el Registro Mercantil.

Artículo 315. Cancelación de la inscripción de la emisión.
1. La cancelación total de la inscripción de la emisión o la consignación registral del pago parcial de los valores en circulación se practicarán cuando la sociedad haya satisfecho legítimamente todos o parte de los emitidos, presentando al efecto acta notarial en la que el administrador manifieste bajo su responsabilidad esa circunstancia mediante exhibición de los libros y documentos correspondientes, y el Notario dé fe de que se le han exhibido los títulos inutilizados o un muestreo de los mismos o, en su caso, la certificación expedida por la entidad encargada del registro de anotaciones en cuenta acreditativa de la cancelación total o parcial.

2. Si se tratare de obligaciones hipotecarias, la cancelación por amortización se practicará presentando en el Registro cualquiera de los documentos a que se refiere el artículo 156 de la Ley Hipotecaria, con la nota de haberse practicado la cancelación o cancelaciones correspondientes en el Registro de la Propiedad. También podrá practicarse en virtud de certificación literal

o en relación, de la cancelación practicada, expedida por el Registrador de la Propiedad.

Artículo 316. Cancelación mediante convenio.

1. Los convenios celebrados entre la sociedad y el Sindicato de obligacionistas por los cuales aquélla deba rescatar todas o parte de las obligaciones emitidas se inscribirán en el Registro Mercantil.

2. Cuando, al ejecutar el convenio, no se hubieren podido rescatar todos los valores afectados, para la cancelación de la inscripción de la emisión bastará acompañar al acta notarial a que se refiere el apartado primero del artículo anterior justificación del previo ofrecimiento y de la consignación del importe de los valores no rescatados, hecha con los requisitos previstos en los artículos 1176 y siguientes del Código Civil.

Artículo 317. Cancelación parcial.

Cuando la cancelación sea parcial, en el documento en cuya virtud haya de practicarse se expresará la serie y número de los valores a que la amortización se refiera. Las mismas circunstancias habrán de consignarse en el asiento.

Artículo 318. Título inscribible.

1. Salvo disposición específica en contrario, los actos a que se refieren los artículos anteriores deberán constar, para su inscripción, en escritura pública.

2. En la escritura de emisión se hará constar la declaración de los administradores de que en la emisión se han cumplido todos los trámites previstos en el artículo 26 de la Ley 24/1988, de 28 de julio, del Mercado de Valores, en los casos en que ello sea preceptivo.

Si la emisión fuera de obligaciones convertibles, a la escritura se acompañará el informe de los administradores explicativo de las bases y modalidades de conversión, así como el de los auditores de cuentas.

Artículo 319. Delegación de la facultad de acordar la emisión de obligaciones.

1. Para su inscripción, la escritura pública otorgada por los administradores en uso de la facultad de emitir obligaciones delegada por la Junta general expresará, además de las circunstancias generales y de las previstas en el apartado primero del artículo 310, el contenido íntegro del acuerdo de delegación, la cuantía dispuesta respecto del límite de la delegación y la que quede por disponer.

2. Los administradores deberán hacer uso de la facultad delegada dentro del plazo de cinco años.

Capítulo XIII. De la inscripción de las situaciones concursales y de otras medidas de intervención

Redacción según Real Decreto 685/2005, de 10 de junio.

Sección I. De la inscripción de las situaciones concursales y de su publicidad

Redacción según Real Decreto 685/2005, de 10 de junio.

Artículo 320. Inscripción del concurso. Redacción según Real Decreto 685/2005, de 10 de junio.

1. En la hoja abierta a cada empresario individual, sociedad o entidad inscribible se inscribirán:

    1. Los autos de declaración y de reapertura del concurso voluntario o necesario.
    2. El auto de apertura de la fase de convenio; la sentencia de aprobación del convenio; la sentencia que declare el incumplimiento del convenio, y la sentencia que declare la nulidad del convenio.

3. El auto de apertura de la fase de liquidación, el auto de aprobación del plan de liquidación, y, en su caso, el auto que refleje la adopción de medidas administrativas que comporten la disolución de una entidad y que excluyen la posibilidad de declarar el concurso.
4. El auto de conclusión del concurso y la sentencia que resuelve la impugnación del auto de conclusión.
5. El auto de formación de la sección de calificación y la sentencia de calificación del concurso como culpable.
6. Cuantas resoluciones dicte el juez del concurso en materia de intervención o suspensión de las facultades de administración y disposición del concursado sobre los bienes y derechos que integran la masa activa.

2. En el caso de declaración conjunta del concurso de varios deudores y en el caso de acumulación de concursos, se hará constar esta circunstancia en la hoja abierta a cada uno de los deudores, con expresión de la identidad de los demás.

Artículo 321. Título de inscripción. Redacción según Real Decreto 685/2005, de 10 de junio.
1. Los asientos a que se refiere el artículo anterior se practicarán en virtud de mandamiento judicial, en el que se expresará necesariamente si la resolución correspondiente es o no firme. En tanto no sea firme, será objeto de anotación preventiva.

2. Si la resolución contuviera algún pronunciamiento en materia de intervención o suspensión de las facultades de administración y disposición del concursado sobre los bienes y derechos que integran la masa activa, el mandamiento deberá identificar los bienes y derechos inscritos en registros públicos si los datos obrasen en las actuaciones.

Artículo 322. Inscripción en el Registro Mercantil. Redacción según Real Decreto 685/2005, de 10 de junio.
1. En la inscripción que se practique en la hoja abierta al sujeto inscrito se transcribirá la parte dispositiva de la resolución judicial, con expresión del

nombre y número del juzgado o del tribunal que la hubiera dictado, la identidad del juez o, en el caso de tribunales colegiados, del ponente, el número de autos y la fecha de la resolución.

2. Si no estuviera inscrito en el Registro Mercantil el empresario individual que hubiera sido declarado en concurso de acreedores, se procederá, con carácter previo, a su inscripción en virtud de un mandamiento judicial, que deberá contener las circunstancias necesarias para dicha inscripción.

3. Si no estuviera inscrita en el Registro Mercantil la sociedad mercantil que hubiera sido declarada en concurso de acreedores, se procederá a su inscripción. En el caso de que faltara la escritura de constitución, la inscripción se practicará en virtud de un mandamiento judicial, que deberá contener, al menos, la denominación y el domicilio de la sociedad y la identidad de los socios de los que el juez tenga constancia.

Artículo 323. Remisión de datos al Registro Mercantil Central y a los registros públicos de bienes. Redacción según Real Decreto 158/2008, de 8 de febrero. Redacción según Real Decreto 685/2005, de 10 de junio.

1. Los registradores mercantiles, remitirán al Registro Mercantil Central, inmediatamente después de practicar el correspondiente asiento, los datos relativos a las resoluciones judiciales en materia concursal a las que se refiere el artículo 320 que sean suficientes para que, conforme a lo dispuesto por el artículo 390, la información que facilite el Registro Mercantil Central y su publicación en el Boletín Oficial del Registro Mercantil permitan apreciar el contenido esencial del asiento al que se refieran.

2. Si los datos relativos a los bienes que obraran en las actuaciones y en el mandamiento fueran suficientes, el mismo día en que se hubiera practicado el correspondiente asiento, los registradores mercantiles remitirán una certificación del contenido de la resolución dictada por el juez del concurso al Registro de la Propiedad, al Registro de Bienes Muebles o a cualquier otro registro público de bienes competente.

3. La comunicación a los registros públicos de bienes será telemática y estará autorizada con la firma electrónica del registrador mercantil o, si no fuera posible, se realizará mediante correo certificado urgente, con acuse de recibo. Esta certificación será título bastante para practicar los correspondientes asientos.

Artículo 324. Publicidad informativa de las resoluciones concursales inscribibles en los registros públicos de personas. Sin contenido por Real Decreto 158/2008, de 8 de febrero. Redacción según Real Decreto 685/2005, de 10 de junio. Anulado por Sentencia de 28 de marzo de 2007.

Artículo 325. Cancelación de asientos. Redacción según Real Decreto 685/2005, de 10 de junio.

1. Las anotaciones preventivas de situaciones concursales se cancelarán de oficio o a instancia de parte una vez transcurrido el plazo de caducidad.

2. Los asientos relativos al convenio se cancelarán mediante el mandamiento judicial o testimonio del auto de conclusión del concurso por cumplimiento del convenio.

3. Los demás asientos relativos a situaciones concursales, salvo los referentes a la sentencia de calificación, serán cancelados mediante mandamiento o testimonio del auto de conclusión del concurso.

4. Los asientos relativos a la calificación del concurso de acreedores serán cancelados por el registrador, de oficio o instancia de parte, una vez transcurrido un mes desde la fecha en que hubiera finalizado la inhabilitación.

5. La hoja registral de la entidad extinguida como consecuencia de la conclusión del concurso de acreedores se cancelará en virtud del mandamiento o testimonio del auto de conclusión, una vez que sea firme.

Sección II. De la inscripción de medidas administrativas respecto de entidades financieras y de otras entidades jurídicas

Artículo 326. Medidas administrativas inscribibles.

1. En la hoja abierta a cada entidad se inscribirán:

1. Las medidas de intervención de dichas entidades y de sustitución provisional de sus órganos de administración o dirección acordadas por la autoridad administrativa competente. En particular, respecto de las entidades de seguros y, en la medida en que sean aplicables, en relación a las entidades gestoras de fondos de pensiones, y planes y fondos de pensiones, se inscribirán las medidas de control especial a que se refieren el apartado 7 y los párrafos a y d del apartado 2 del artículo 39 de la Ley de Ordenación y Supervisión de los Seguros Privados.
2. Las medidas de intervención de las operaciones de intervención acordadas por la autoridad administrativa competente.
3. Las sanciones de suspensión, separación o separación con inhabilitación, impuestas a quienes ejerzan cargos en la administración o dirección en entidades, con expresión de la duración de la sanción.
Cuando el sancionado sea empresario, la sanción de separación con inhabilitación se inscribirá, además, en la hoja correspondiente a dicho empresario.
Si el sancionado no estuviera inscrito, se procederá a la previa inscripción del mismo.
4. La revocación de la autorización a la entidad para operar en un determinado sector o ramo de actividad.
5. La disolución acordada de oficio de dichas entidades, el nombramiento y cese de liquidadores, así como la declaración de extinción de la entidad. En este último caso, el Registrador procederá a extender diligencia de cierre en la hoja de la entidad extinguida.

2. A efectos de lo dispuesto en esta Sección, serán consideradas entidades financieras las entidades de crédito, las de seguro, las entidades gestoras de

fondos de pensiones, los planes y fondos de pensiones y las que ejerzan en el ámbito del mercado de valores que se hallen inscritas en los correspondientes Registros especiales a cargo del Banco de España, de la Dirección General de Seguros y de la Comisión Nacional del Mercado de Valores.

Artículo 327. Título inscribible y circunstancias de la inscripción.
1. Los asientos a que se refiere el artículo anterior se practicarán en virtud de la correspondiente resolución administrativa.

2. En la inscripción se transcribirá la parte dispositiva de la resolución administrativa, con expresión de la autoridad y de la fecha en que se hubiera dictado.
En su caso, el Registrador inscribirá también el nombre y apellidos o denominación de las personas o entidades que hayan de ejercer las funciones de intervención o sean nombradas administradores provisionales, liquidadores o liquidadores-delegados, con indicación de si tales personas o entidades deben actuar individual o conjuntamente y, cuando proceda, de sus funciones o facultades.

Artículo 328. Medidas administrativas inscribibles respecto de entidades financieras cabeza de grupo consolidado.
En la hoja abierta a cada entidad financiera cabeza de grupo consolidado, que no tenga la condición de entidad de crédito, se inscribirá la resolución administrativa de disolución forzosa de aquella entidad y la apertura del período de liquidación, con expresión del nombre y apellidos o denominación de los liquidadores y de su régimen de actuación.

Título III. De otras funciones del Registro Mercantil

Capítulo I. De la legalización de los libros de los empresarios

Artículo 329. Obligación de legalización de los libros obligatorios.

1. Los libros que obligatoriamente deben llevar los empresarios con arreglo a disposiciones legales vigentes se legalizarán en el Registro Mercantil de su domicilio.

2. Asimismo, podrán ser legalizados por el Registro Mercantil los libros de detalle del Libro Diario y cualesquiera otros que se lleven por los empresarios en el ámbito de su actividad.

Artículo 330. Solicitud de legalización.

1. La solicitud de legalización se efectuará mediante instancia por duplicado dirigida al Registrador Mercantil competente, en la que se reflejarán las siguientes circunstancias:

   1. Nombre y apellidos del empresario individual o denominación de la sociedad o entidad, y, en su caso, datos de identificación registral, así como su domicilio.
   2. Relación de los libros cuya legalización se solicita, con expresión de si se encuentran en blanco o si han sido formados mediante la encuadernación de hojas anotadas, así como del número de folios u hojas de que se compone cada libro.
   3. Fecha de apertura y, en su caso, de cierre de los últimos libros legalizados de la misma clase que aquellos cuya legalización se solicita.
   4. Fecha de la solicitud.

2. Con la solicitud, que habrá de estar debidamente suscrita y sellada, deberán acompañarse los libros que pretendan legalizarse.

3. Los sujetos sometidos a inscripción obligatoria y no inscritos solo podrán solicitar la legalización una vez presentada a inscripción la escritura de constitución. Los libros no serán legalizados hasta que la inscripción se practique.

Artículo 331. Tramitación de la solicitud.

1. Presentada la instancia y los libros a legalizar, se practicará en el Diario el correspondiente asiento de presentación.

2. En el asiento se harán constar la fecha de presentación de la instancia, la identificación del empresario solicitante y el número y clase de los libros a legalizar.

Artículo 332. Presentación de libros en blanco.
Los libros obligatorios que se presenten para su legalización antes de su utilización deberán estar, ya se hallen encuadernados o formados por hojas móviles, completamente en blanco y sus folios numerados correlativamente.

Artículo 333. Presentación de hojas encuadernadas.
1. Los libros obligatorios formados por hojas encuadernadas con posterioridad a la realización en ellas de asientos y anotaciones por cualquier procedimiento idóneo deberán estar encuadernados de modo que no sea posible la sustitución de los folios y deberán tener el primer folio en blanco y los demás numerados correlativamente y por el orden cronológico que corresponda a los asientos y anotaciones practicados en ellas. Los espacios en blanco deberán estar convenientemente anulados.

2. Los libros obligatorios a que se refiere el apartado anterior deberán ser presentados a legalización antes de que transcurran los cuatro meses siguientes a la fecha de cierre del ejercicio.

3. En el caso de que la legalización se solicite fuera del plazo legal, el Registrador lo hará constar así en la diligencia del Libro y en el asiento correspondiente del Libro-fichero de legalizaciones.

Artículo 334. Legalización de los libros.
1. La legalización de los libros tendrá lugar mediante diligencia y sello.

2. La diligencia, firmada por el Registrador, se extenderá en el primer folio.

En la misma se identificará al empresario, incluyendo, en su caso, sus datos registrales y se expresará la clase de libro, el número que le corresponda dentro de los de la misma clase legalizados por el mismo empresario, el número de folios de que se componga, y el sistema y contenido de su sellado.

3. El sello del Registro se pondrá en todos los folios mediante impresión o estampillado. También podrán ser sellados los libros mediante perforación mecánica de los folios, o por cualquier otro procedimiento que garantice la autenticidad de la legalización.

Artículo 335. Plazo para la legalización.
Si la solicitud se hubiera realizado en la debida forma y los libros reuniesen los requisitos establecidos por la Ley y este Reglamento, el Registrador procederá a su legalización dentro de los quince días siguientes al de su presentación.

Artículo 336. Notas de despacho.
1. Practicada, suspendida o denegada la legalización, se tomará razón de esta circunstancia en el Libro de legalizaciones, y seguidamente se extenderán las oportunas notas al pie de la instancia y al margen del asiento de presentación.

2. Un ejemplar de la instancia se devolverá al solicitante, acompañada, en su caso, de los libros legalizados. El otro ejemplar quedará archivado en el Registro.

3. Transcurridos tres meses desde la presentación de los libros sin que fueran retirados, podrá remitirlos el Registrador, con cargo al empresario solicitante, al domicilio consignado en la instancia, haciéndolo constar así al pie de la misma.

Artículo 337. Libros de sucursales.
Las sucursales que dispongan de libros propios podrán legalizarse en el Registro Mercantil de su domicilio.

Capítulo II. Del nombramiento de expertos independientes y de auditores de cuentas

Sección I. Del nombramiento de expertos independientes

Artículo 338. Solicitud del nombramiento de expertos independientes.

1. La solicitud de nombramiento de uno o varios expertos independientes para la elaboración de un informe sobre las aportaciones no dinerarias a sociedades anónimas o comanditarias por acciones se hará mediante instancia por triplicado, dirigida al Registrador Mercantil del domicilio social, expresando las circunstancias siguientes:

1. Denominación y datos de identificación registral de la sociedad o, en su caso, el nombre y apellidos de las personas que promuevan la constitución de la sociedad, así como su domicilio.
2. Descripción de los bienes, con indicación del lugar en que se encuentren, así como del número y valor nominal y, en su caso, prima de emisión de las acciones a emitir como contrapartida.
3. Declaración de no haberse obtenido en los últimos tres meses otra valoración de los mismos bienes, realizada por experto independiente nombrado por el Registrador Mercantil.
4. Fecha de la solicitud.

2. La instancia deberá ir suscrita, al menos, por una de las personas que promuevan la constitución de la sociedad o, si ya estuviera constituida, por la propia sociedad.

Artículo 339. Tramitación de la solicitud.

1. Presentada la instancia, se practicará en el Libro Diario el correspondiente asiento de presentación, en el que se identificará al solicitante y al presentante, y se indicarán sucintamente los bienes a valorar.

2. Practicado el asiento de presentación, se procederá a la apertura de un expediente numerado, cuya existencia se hará constar por nota al margen de aquel asiento. En el expediente se recogerán todas las incidencias a que se refieren los artículos siguientes.

Artículo 340. Nombramiento de expertos independientes.

1. Dentro de los quince días siguientes al de la fecha del asiento de presentación, el Registrador designará, conforme a las normas que se dicten y, en ausencia de éstas, a su prudente arbitrio, un experto independiente entre las personas físicas o jurídicas que pertenezcan a profesión directamente relacionada con los bienes objeto de valoración o que se hallen específicamente dedicadas a valoraciones o peritaciones.

2. Cuando los bienes a valorar sean de naturaleza heterogénea o, aun no siéndolo, se encuentren en circunscripción perteneciente a distintos Registros mercantiles, el Registrador podrá nombrar varios expertos, expresando en el nombramiento los bienes a valorar por cada uno de ellos.

3. En la resolución por la que se nombre al experto o expertos independientes, determinará el Registrador la retribución a percibir por cada uno de los nombrados o los criterios para su cálculo.
La retribución de los expertos habrá de ajustarse, en su caso, a las reglas establecidas por los respectivos Colegios Profesionales y a las normas que a tal efecto se dicten por parte del Ministerio de Justicia.

4. El nombramiento se hará constar por diligencia en los ejemplares de la instancia presentada, uno de los cuales se entregará o remitirá al solicitante, otro será archivado en el Registro y el tercero se remitirá al experto. En caso de pluralidad de expertos, se enviarán fotocopias diligenciadas a cada uno de los nombrados.

Artículo 341. Incompatibilidades del experto.

1. Son causas de incompatibilidad para ser nombrado experto las establecidas para los peritos por la Legislación Procesal Civil.

2. Cuando el experto nombrado fuese incompatible, deberá excusarse inmediatamente ante el Registrador, quien, previa notificación a los interesados, procederá a la designación de otro nuevo.

Artículo 342. Recusación del experto.

1. En cualquier momento, antes de la elaboración del informe, los interesados podrán recusar al experto por concurrir causa legítima, comunicándolo al Registrador, quien a su vez lo notificará al experto, por cualquier medio que permita dejar constancia de la fecha en que se recibe la notificación. Transcurridos cinco días desde la notificación sin que el experto se haya opuesto compareciendo ante el Registrador, se anulará el nombramiento procediéndose a otro nuevo.

2. Si el experto se opusiese a la recusación, el Registrador, dentro de los dos días siguientes, resolverá según proceda.
Contra la resolución del Registrador podrán los interesados interponer recurso ante la Dirección General de los Registros y del Notariado en el plazo de quince días, a contar de la fecha de notificación de la resolución.

Artículo 343. Nombramiento en favor de un mismo experto.

El nombramiento de un experto que ya hubiera sido designado por el mismo Registrador dentro del último año deberá ser puesto en conocimiento de la Dirección General de los Registros y del Notariado.

Artículo 344. Notificación y aceptación del nombramiento.

1. El nombramiento se notificará al experto designado por cualquier medio que permita dejar constancia de la fecha en que se recibe la notificación.

2. En el plazo de cinco días a contar desde la fecha de la notificación deberá el nombrado comparecer ante el Registrador para aceptar el cargo, lo cual se hará constar por diligencia en la instancia archivada en el Registro.

Aceptado el cargo, se extenderá el correspondiente asiento en el Libro de nombramientos de expertos y auditores, indicándose el número de expediente.

3. Transcurrido el plazo a que se refiere el apartado anterior sin haber comparecido el designado, cualquiera que fuese la causa que lo haya impedido, caducará su nombramiento, procediendo el Registrador a efectuar un nuevo nombramiento.

Artículo 345. Plazo de la emisión del informe.

1. Los expertos elaborarán su informe por escrito razonado en el plazo de un mes a contar desde la fecha de la aceptación del nombramiento.
Cuando concurran circunstancias excepcionales, el Registrador, a petición del propio experto, podrá conceder un plazo mayor.

2. Si el informe no es emitido en el plazo concedido, caducará el encargo, procediéndose por el Registrador a un nuevo nombramiento, sin perjuicio de la responsabilidad en que pueda haber incurrido el experto por el incumplimiento de su mandato.

Artículo 346. Emisión del informe.

Emitido el informe, el experto entregará el original a la persona que hubiera solicitado su nombramiento y comunicará tal entrega al Registrador Mercantil que lo hubiera nombrado, quien lo hará constar en el expediente, que cerrará en ese momento mediante la correspondiente diligencia. Esta circunstancia se consignará asimismo al margen del asiento de nombramiento.

Artículo 347. Caducidad del informe.

El informe emitido por el experto caducará a los tres meses de su fecha, salvo que con anterioridad hubiera sido ratificado por el propio experto, en cuyo caso prorrogará su validez tres meses más, a contar desde la fecha de ratificación.

Artículo 348. Percepción de la retribución.

1. Los expertos percibirán la retribución directamente de la sociedad en cuyo nombre se hubiera solicitado el informe y, si ésta no se hubiera constituido, de quien hubiera firmado la solicitud.

2. Los expertos podrán solicitar provisión de fondos a cuenta de sus honorarios antes de iniciar el ejercicio de sus funciones.

Artículo 349. Solicitud de nombramiento de expertos en caso de fusión y de escisión.

1. En caso de fusión o de escisión de sociedades, la solicitud de nombramiento de uno o varios expertos independientes para la emisión del preceptivo informe se hará individualmente por cada una de las sociedades que participan en la fusión o de las sociedades beneficiarias de la escisión.

2. No obstante lo dispuesto en el apartado anterior, el informe podrá ser común a todas las sociedades que participen en la fusión cuando éstas lo soliciten, debiendo suscribir la instancia, al menos, una persona con poder de representación por cada una de las sociedades interesadas.
En este caso la solicitud se presentará al Registrador Mercantil del domicilio social de la absorbente o del que figure en el proyecto de fusión como domicilio de la nueva sociedad a constituir, adjuntando certificación del proyecto de fusión emitida por cada uno de los órganos de administración de las sociedades solicitantes.

3. No obstante lo dispuesto en el apartado primero, el informe podrá ser común a todas las sociedades beneficiarias de la escisión cuando éstas lo soliciten, debiendo suscribir la instancia, al menos, una persona con poder de representación por cada una de las sociedades afectadas.
La solicitud se presentará en este caso al Registrador mercantil del domicilio de cualquiera de ellas, adjuntando certificación del proyecto de escisión emitido por cada uno de los órganos de administración de las sociedades solicitantes.

Sección II. Del nombramiento de auditores

Artículo 350. Nombramiento de auditores de sociedades obligadas a verificación.

Los administradores, el Comisario del Sindicato de obligacionistas o cualquier socio de sociedad anónima, de responsabilidad limitada o comanditaria por acciones obligadas a la verificación de las cuentas anuales y del informe de gestión, podrán solicitar del Registrador Mercantil del domicilio social el nombramiento de uno o varios auditores de cuentas en los siguientes casos:

1. Cuando la Junta general no hubiera nombrado a los auditores antes de que finalice el ejercicio a auditar.
Si la Junta general solo hubiera nombrado auditores titulares personas físicas, los legitimados anteriormente indicados podrán solicitar del Registrador Mercantil la designación de los suplentes.
Una vez finalizado el ejercicio a auditar, la competencia para el nombramiento de auditores para la verificación de las cuentas anuales y del informe de gestión de sociedades obligadas a ello, corresponderá exclusivamente al Registrador Mercantil del domicilio social o, previa revocación del designado por el Registrador, al Juez de Primera Instancia del domicilio social.

2. Cuando las personas nombradas no acepten el cargo dentro del plazo establecido en este Reglamento o, por cualquier causa justificada, no puedan cumplir sus funciones.

Artículo 351. Solicitud de nombramiento de auditores de cuentas.

1. La solicitud de nombramiento de auditor de cuentas se hará mediante instancia por triplicado, dirigida al Registrador Mercantil del domicilio social, expresando las circunstancias siguientes:

1. Nombre y apellidos del solicitante, con indicación del cargo que ostenta en la sociedad o de su condición de socio, así como su domicilio.
2. Denominación y datos de identificación registral de la sociedad a auditar, así como su domicilio.
3. Causa de la solicitud.
4. Fecha de la solicitud.

2. La instancia, debidamente suscrita, habrá de acompañarse, en su caso, de los documentos acreditativos de la legitimación del solicitante.

Artículo 352. Legitimación para solicitar el nombramiento de auditor.

1. Para solicitar el nombramiento de auditores de cuentas, los administradores y el Comisario del Sindicato de obligacionistas deberán figurar inscritos como tales en el Registro Mercantil.

2. Si la solicitud de nombramiento la efectuara un socio de sociedad obligada a la verificación de las cuentas anuales, deberá legitimarse éste según la naturaleza y, en su caso, el modo en que conste representada o documentada su participación social.

Artículo 353. Tramitación de la solicitud.

1. Presentada la instancia, se practicará el correspondiente asiento de presentación en el Diario, en el que se identificará al solicitante y al presentante y se expresarán la denominación y datos registrales de la sociedad a auditar y la causa de la solicitud.

2. Practicado el asiento de presentación, se procederá a la apertura de un expediente numerado, cuya existencia se hará constar por nota al margen de aquel asiento. En el expediente se recogerán todas las incidencias a que se refieren los artículos siguientes.

Artículo 354. Oposición de la sociedad al nombramiento solicitado.

1. Dentro de los cinco días siguientes al del asiento de presentación, el Registrador trasladará a la sociedad afectada copia de la instancia y de los documentos adjuntos a ella, por cualquier medio que permita dejar constancia de la fecha en que se reciba la notificación.

2. La sociedad solo podrá oponerse al nombramiento solicitado si en el plazo de cinco días, a contar desde la fecha de la notificación, aporta prueba documental de que no procede el nombramiento o si niega la legitimación del solicitante. El escrito de oposición se archivará en el expediente.

3. Dentro de los cinco días siguientes al de la presentación del escrito de oposición, el Registrador resolverá según proceda. Contra la resolución del Registrador podrán los interesados interponer recurso ante la Dirección General de los Registros y del Notariado, en el plazo de quince días a contar de la fecha de notificación de la resolución. El recurso se presentará, dentro del plazo indicado, en el Registro correspondiente, elevándose el expediente por el Registrador Mercantil a la Dirección General dentro de los cinco días siguientes.

4. Transcurrido el plazo de oposición sin haberse planteado ésta o, en otro caso, firme la resolución del Registrador, procederá éste al nombramiento solicitado.

Artículo 355. Sistema de nombramiento.
1. En el mes de enero de cada año, el Instituto de Contabilidad y Auditoría de Cuentas remitirá al Registrador Mercantil Central una lista de los auditores inscritos en el Registro Oficial al 31 de diciembre del año anterior, por cada circunscripción territorial de los Registros Mercantiles existentes. En cada una de las listas figurarán, por orden alfabético y numerados, el nombre y apellidos o la razón social o denominación de los auditores de cuentas, así como su domicilio, que necesariamente deberá radicar en la circunscripción registral a que se refiera dicha lista.

Los auditores que tengan oficina o despacho abierto en distintas circunscripciones territoriales podrán figurar en las listas correspondientes a cada una de ellas.

2. Recibida la lista, el Registrador Mercantil Central remitirá a cada Registrador Mercantil la lista correspondiente a su circunscripción y publicará en el Boletín Oficial del Registro Mercantil el día y la hora del sorteo público para determinar en cada circunscripción el orden de nombramientos.

3. Efectuado el sorteo, se publicará en el Boletín Oficial del Registro Mercantil la letra del alfabeto que determine el orden de los nombramientos. Dicho orden comenzará a regir para los que se efectúen a partir del primer día hábil del mes siguiente en que hubiese tenido lugar la publicación y se mantendrá hasta que entre en vigor el correspondiente al año siguiente.

4. Los Registradores Mercantiles tendrán a disposición del público la lista de auditores correspondiente a su circunscripción.

Artículo 356. Excepciones al sistema de nombramiento.
1. Por excepción a lo dispuesto en el artículo anterior, cuando concurran circunstancias especiales o la última cuenta de pérdidas y ganancias depositada en el Registro de la sociedad a auditar no se hubiera formulado de forma abreviada, o la sociedad a auditar estuviera legalmente obligada a formular cuentas anuales e informe de gestión consolidados, el Registrador Mercantil, a falta de normas conforme a las cuales proceder en estos casos, podrá solicitar de la Dirección General de los Registros y del Notariado la designación de auditor para proceder a su nombramiento.

2. A estos efectos, el Instituto de Contabilidad y Auditoría de Cuentas facilitará a la Dirección General de los Registros y del Notariado, dentro del mes de febrero de cada año, una relación de auditores que superen la capacidad que determine dicha Dirección General, medida en función del número de

profesionales a su servicio y del volumen de horas de auditoría facturadas en el ejercicio anterior.

Artículo 357. Incompatibilidades.
Son causas de incompatibilidad para ser designado auditor de cuentas las establecidas en la legislación de auditoría de cuentas.

Artículo 358. Formalización del nombramiento.
1. El nombramiento se hará constar por diligencia en los ejemplares de la instancia presentada, uno de los cuales se entregará o remitirá al solicitante, otro será archivado en el Registro y el tercero se remitirá al auditor nombrado. En caso de pluralidad de auditores o de nombramiento de suplentes, se enviarán fotocopias diligenciadas a cada uno de los nombrados.

2. Aceptado el cargo, el nombramiento de auditor se inscribirá en el Libro de nombramiento de expertos y auditores, indicándose el número de expediente y, además, en la hoja abierta a la sociedad extendiéndose las oportunas notas de referencia.

Artículo 359. Nombramiento de auditores de sociedades no obligadas a verificación.
1. Los socios de sociedad anónima, de responsabilidad limitada o de sociedad comanditaria por acciones no obligadas a la verificación de las cuentas anuales y del informe de gestión podrán solicitar del Registrador Mercantil del domicilio social el nombramiento de uno o varios auditores de cuentas, con cargo a la sociedad, cuando concurran las siguientes circunstancias:

1. Que el solicitante o los solicitantes representen, al menos, el 5 por 100 del capital social.
2. Que no hayan transcurrido tres meses desde la fecha de cierre del ejercicio a auditar.

2. Al nombramiento de auditores contemplado en este artículo será de aplicación lo dispuesto en los artículos 354, 355, 356 y 358.

Artículo 360. Período de nombramiento.

La auditoría a realizar por el auditor de cuentas nombrado por el Registrador Mercantil se limitará a las cuentas anuales y al informe de gestión correspondientes al último ejercicio.

Artículo 361. Emisión del informe.

Emitido el informe, el auditor entregará el original a la sociedad auditada. Si el auditor no pudiese realizar la auditoría por causas no imputables al propio auditor, emitirá informe con opinión denegada por limitación absoluta en el alcance de sus trabajos y entregará el original al solicitante remitiendo copia a la sociedad. En ambos casos comunicará tal entrega al Registrador Mercantil que lo hubiere nombrado, quien lo hará constar en el expediente, que cerrará en ese momento mediante la correspondiente diligencia. Esta circunstancia se consignará asimismo al margen del asiento de nombramiento.

Artículo 362. Retribución.

1. Al efectuar el nombramiento, el Registrador fijará la retribución a percibir por los auditores para todo el período que deban desempeñar el cargo o, al menos, los criterios para su cálculo.

2. La retribución del auditor habrá de ajustarse a las reglas y principios que se establezcan en las Normas Técnicas de Auditoría y, en su caso, a las normas que a tal efecto se dicten por parte del Ministerio de Justicia.

Artículo 363. Nombramiento de auditores para determinar el valor Real de las acciones y participaciones sociales.

1. El nombramiento de auditor por el Registrador Mercantil del domicilio social para la determinación del valor real de las acciones o participaciones en los casos establecidos por la Ley se efectuará a solicitud del interesado, de conformidad con lo previsto en los artículos 351 y siguientes.

2. Aceptado el cargo, el nombramiento se inscribirá exclusivamente en el Libro de nombramiento de expertos y auditores, indicándose el número de expediente.

3. El plazo para emitir el informe será de un mes a contar desde la aceptación y podrá ser prorrogado por el Registrador a petición fundada del auditor.

4. Las mismas reglas serán de aplicación al nombramiento de auditor por el Registrador Mercantil del domicilio social para la determinación del importe a abonar por el nudo propietario al usufructuario de acciones o de participaciones sociales en concepto de incremento de valor y al nombramiento del auditor a petición de los administradores, en defecto del nombrado por la Junta general, para la verificación prevista en los artículos 156 y 157 de la Ley de Sociedades Anónimas.

5. Los honorarios del auditor serán de cargo de la sociedad, salvo en el supuesto de la liquidación del usufructo de acciones o participaciones.

Artículo 364. Régimen supletorio.
En lo no previsto en los artículos anteriores, y en la medida en que resulte compatible, será de aplicación al nombramiento de auditores de cuentas lo dispuesto para los expertos independientes.

Capítulo III. Del depósito y publicidad de las cuentas anuales

Sección I. De la Brevísima presentación y depósito de las cuentas anuales

Artículo 365. Obligaciones de presentación de las cuentas anuales.
1. Los administradores de sociedades anónimas, de responsabilidad limitada, comanditarias por acciones y de garantía recíproca, fondos de pensiones y, en general, cualesquiera otros empresarios que en virtud de disposiciones vigentes vengan obligados a dar publicidad a sus cuentas anuales

presentarán éstas para su depósito en el Registro Mercantil de su domicilio, dentro del mes siguiente a su aprobación.

2. Igual obligación incumbe a los liquidadores respecto del Estado anual de cuentas de la liquidación.

3. Los demás empresarios inscritos podrán solicitar, con arreglo a las disposiciones del presente Reglamento, el depósito de sus cuentas debidamente formuladas.

Artículo 366. Documentos a depositar.

1. A los efectos del depósito prevenido en el artículo anterior, deberán presentarse los siguientes documentos:

1. Solicitud firmada por el presentante.
2. Certificación del acuerdo del órgano social competente con firmas legitimadas notarialmente que contenga el acuerdo de aprobación de las cuentas y de la aplicación del resultado.
La certificación contendrá todas las circunstancias exigidas por el artículo 112 de este Reglamento y expresará si las cuentas han sido formuladas de forma abreviada, expresando, en tal caso, la causa. La certificación expresará igualmente, bajo fe del certificante, que las cuentas y el informe de gestión están firmados por todos los administradores, o si faltare la firma de alguno de ellos se señalará esta circunstancia en la certificación, con expresa indicación de la causa.
El informe de los auditores de cuentas deberá estar firmado por éstos.
3. Un ejemplar de las cuentas anuales, debidamente identificado en la certificación a que se refiere el número anterior.
4. Un ejemplar del informe de gestión.
5. Un ejemplar del informe de los auditores de cuentas cuando la sociedad está obligada a verificación contable o cuando se hubiere nombrado auditor a solicitud de la minoría.
6. Un ejemplar del documento relativo a los negocios sobre acciones propias cuando la sociedad esté obligada a formularlo.

7. Certificación acreditativa de que las cuentas depositadas se corresponden con las auditadas. Esta certificación podrá incluirse en la contemplada por el párrafo 2 de este apartado.

2. Previa autorización de la Dirección General de los Registros y del Notariado, los documentos contables a que se refiere este artículo podrán depositarse en soporte magnético.

Artículo 367. Asiento de presentación.
De la presentación de las cuentas se practicará asiento en el Libro Diario en el que se identificará al solicitante y al presentante y se relacionarán los documentos presentados. Este asiento tendrá una vigencia de cinco meses, aplicándose en lo demás lo establecido en este Reglamento respecto a dicho asiento.

Artículo 368. Calificación e inscripción del depósito.
1. Dentro del plazo establecido en este Reglamento, el Registrador calificará exclusivamente, bajo su responsabilidad, si los documentos presentados son los exigidos por la Ley, si están debidamente aprobados por la Junta general o por los socios, así como si constan las preceptivas firmas de acuerdo con lo dispuesto en el párrafo 2 del apartado 1 del artículo 366.

2. Verificado el cumplimiento de los requisitos a que se refiere el artículo anterior, el Registrador tendrá por efectuado el depósito, practicando el correspondiente asiento en el Libro de depósito de cuentas y en la hoja abierta a la sociedad. El Registrador hará constar también esta circunstancia al pie de la solicitud, que quedará a disposición de los interesados.

3. En caso de que no procediere el depósito, se estará a lo establecido para los títulos defectuosos.

Artículo 369. Publicidad de las cuentas depositadas.
La publicidad de las cuentas anuales y documentos complementarios depositados en el Registro Mercantil se hará efectiva por medio de certifica-

ción expedida por el Registrador o por medio de copia de los documentos depositados, a solicitud de cualquier persona. La copia podrá expedirse en soporte informático.

Artículo 370. Publicación del depósito.
1. Dentro de los tres primeros días hábiles de cada mes, los Registradores Mercantiles remitirán al Registrador Mercantil Central una relación alfabética de las sociedades que hubieran cumplido en debida forma, durante el mes anterior, la obligación de depósito de las cuentas anuales. Si esa obligación hubiera sido cumplida fuera del plazo legal, se indicará expresamente en cada caso.

2. La lista será única por cada Registro Mercantil, cualquiera que sea el número de Registradores encargados del mismo.

3. El Boletín Oficial del Registro Mercantil publicará el anuncio de las sociedades que hubieran cumplido con la obligación de depósito.

Artículo 371. Remisión al Ministerio de Economía y Hacienda de la relación de sociedades incumplidoras.
1. Dentro del primer mes de cada año, los Registradores Mercantiles remitirán a la Dirección General de los Registros y del Notariado una relación alfabética de las sociedades que no hubieran cumplido en debida forma, durante el año anterior, la obligación de depósito de las cuentas anuales.

2. La Dirección General de los Registros y del Notariado, dentro del segundo mes de cada año, trasladará al Instituto de Contabilidad y Auditoría de Cuentas las listas a que se refiere el apartado anterior, para la incoación del correspondiente expediente sancionador.

Sección II. De la Brevísima presentación y depósito de las cuentas consolidadas

Artículo 372. Obligación de presentación de las cuentas

consolidadas.

Dentro del mes siguiente a la aprobación de las cuentas consolidadas por la Junta general de socios de la sociedad dominante, los administradores presentarán para su depósito en el Registro Mercantil del domicilio de dicha sociedad la certificación del acuerdo de la Junta general de que las cuentas consolidadas han sido aprobadas, al que adjuntarán un ejemplar de cada una de dichas cuentas, así como del informe de gestión consolidado y del informe de los auditores de cuentas del grupo.

Artículo 373. Notificación a los Registros de las filiales.

El Registrador que haya depositado las cuentas consolidadas comunicará de oficio a los Registradores en donde se hallen inscritas las sociedades filiales el hecho del depósito, al objeto de que en éstos se tome razón de esta circunstancia en el Libro de depósito de cuentas.

Artículo 374. Régimen aplicable.

Será de aplicación al depósito de las cuentas consolidadas lo dispuesto en la Sección anterior.

Sección III. De la Brevísima presentación y depósito de las cuentas en el registro de las sucursales de entidades extranjeras

Artículo 375. Depósito de cuentas en el Registro de la sucursal.

1. Las sociedades extranjeras que tengan abiertas sucursales en España habrán de depositar necesariamente en el Registro de la sucursal en que consten los datos relativos a la sociedad sus cuentas anuales y, en su caso, las cuentas consolidadas que hubieran sido elaboradas conforme a su legislación.

2. Dicho depósito se regirá por lo previsto en la Sección I de este Capítulo.

Si las cuentas ya estuvieran depositadas en el Registro de la sociedad extranjera, la calificación del Registrador se limitará a la comprobación de este extremo. Queda a salvo lo dispuesto en el artículo siguiente.

Artículo 376. Control de equivalencia.
En el caso de que la legislación de la sociedad extranjera no preceptuase la elaboración de las cuentas a que se refiere el artículo anterior o la preceptuase en forma no equivalente a la legislación española, la sociedad habrá de elaborar dichas cuentas en relación con la actividad de la sucursal y depositarlas en el Registro Mercantil.

Sección IV. De la conservación de las cuentas anuales depositadas

Artículo 377. Obligación y lugar de conservación de las cuentas anuales.
1. Los Registradores conservarán las cuentas anuales y documentos complementarios depositados en el Registro Mercantil durante seis años a contar desde la publicación del anuncio del depósito en el Boletín Oficial del Registro Mercantil.

2. Si en el local del Registro no hubiere espacio suficiente para la debida conservación de las cuentas y documentos complementarios, los Registradores, previa autorización de la Dirección General de los Registros y del Notariado, podrán depositarlos en otro adecuado o sustituir la conservación material por el almacenamiento mediante procedimientos informáticos de lectura óptica dotados de garantías suficientes.

Sección V. Del cierre del registro

Artículo 378. Cierre del Registro por falta de depósito de cuentas.
1. Transcurrido un año desde la fecha del cierre del ejercicio social sin que se haya practicado en el Registro el depósito de las cuentas anuales debida-

mente aprobadas, el Registrador Mercantil no inscribirá ningún documento presentado con posterioridad a aquella fecha, hasta que, con carácter previo, se practique el depósito. Se exceptúan los títulos relativos al cese o dimisión de Administradores, Gerentes, Directores generales o Liquidadores, y a la revocación o renuncia de poderes, así como a la disolución de la sociedad y al nombramiento de liquidadores y a los asientos ordenados por la Autoridad judicial o administrativa.

2. Si tan solo se hubiese efectuado el asiento de presentación de las cuentas anuales, el cierre registral provisional únicamente se practicará cuando caduque dicho asiento.

3. Interpuesto recurso gubernativo contra la suspensión o la denegación del depósito de cuentas, quedará en suspenso la vigencia del asiento de presentación, con los efectos previstos en el apartado anterior, hasta el día en que recayere la resolución definitiva.

4. Interpuesto recurso gubernativo contra la resolución del Registrador sobre nombramiento de auditor a solicitud de la minoría, aunque haya transcurrido el plazo previsto en el apartado primero, no se producirá el cierre registral, por falta del depósito de las cuentas del ejercicio para el que se hubiere solicitado dicho nombramiento, hasta que transcurran tres meses a contar desde la fecha de la resolución definitiva.

5. Si las cuentas anuales no se hubieran depositado por no estar aprobadas por la Junta general, no procederá el cierre registral cuando se acredite esta circunstancia mediante certificación del órgano de administración con firmas legitimadas, en la que se expresará la causa de la falta de aprobación o mediante copia autorizada del acta notarial de Junta general en la que conste la no aprobación de las cuentas anuales. Para impedir el cierre, la certificación o la copia del acta deberá presentarse en el Registro Mercantil antes de que finalice el plazo previsto en el apartado primero de este artículo, debiendo justificarse la permanencia de esta situación cada seis meses por alguno de dichos medios. Estas certificaciones y actas y las posteriores

que, en su caso, se presenten reiterando la subsistencia de la falta de aprobación serán objeto de inscripción y de publicación en el Boletín Oficial del Registro Mercantil.

6. En los casos a que se refieren los anteriores apartados 3, 4 y 5 subsistirá la obligación de depósito de las cuentas correspondientes a los ejercicios posteriores.

7. El cierre del Registro persistirá hasta que se practique el depósito de las cuentas pendientes o se acredite, en cualquier momento, la falta de aprobación de éstas en la forma prevista en el apartado 5.

Título IV. Del Registro Mercantil Central

Capítulo I. Disposiciones generales

Artículo 379. Objeto.

El Registro Mercantil Central tendrá por objeto:

1. La ordenación, tratamiento y publicidad meramente informativa de los datos que reciba de los Registros Mercantiles.

2. El archivo y publicidad de las denominaciones de sociedades y entidades jurídicas.

3. La publicación del Boletín Oficial del Registro Mercantil, en los términos establecidos en este Reglamento.

4. La llevanza del Registro relativo a las sociedades y entidades que hubieren trasladado su domicilio al extranjero sin pérdida de la nacionalidad española.

5. Añadido por Real Decreto 659/2007, de 25 de mayo. La comunicación a la Oficina de Publicaciones Oficiales de las Comunidades Europeas de los datos a que se refiere el artículo 14 del Reglamento CE 2157/2001 del

Consejo, de 8 de octubre, por el que se aprueba el Estatuto de la Sociedad Anónima Europea.

Artículo 380. Régimen general.
El Registro Mercantil Central estará establecido en Madrid y se regirá, en cuanto a su organización, por las disposiciones generales recogidas en los artículos 13 y siguientes de este Reglamento que le resulten de aplicación.

Artículo 381. Registro informático.
El tratamiento y archivo de los datos contenidos en el Registro Mercantil Central se llevará a cabo mediante los medios y procedimientos informáticos que sean precisos para lograr los fines a aquél encomendados.

Artículo 382. Publicidad formal.
1. El Registrador Mercantil Central podrá expedir notas informativas de su contenido, con los datos concernientes a empresarios individuales, sociedades o entidades inscritas. La solicitud de estas notas deberá hacerse por escrito. En las notas que se expidan se advertirá de las limitaciones relativas a la información que se facilita.
Las notas simples informativas a que se refiere el párrafo precedente podrán expedirse a través de sistemas de telecomunicación informáticos.

2. Los Registradores Mercantiles Centrales determinarán, en cada caso, bajo su responsabilidad, el procedimiento para hacer efectivas las expresadas notas y su contenido, cuando por razón de la solicitud formulada pueda vulnerarse la legislación vigente de protección de datos de carácter personal.

3. En ningún caso podrá expedir certificaciones, salvo las referidas a denominaciones.

Artículo 383. Régimen económico. Redacción según Real Decreto 158/2008, de 8 de febrero.

Los titulares del Registro Mercantil Central, con los recursos procedentes del expresado Registro de conformidad con su régimen arancelario, proveerán lo necesario para la adecuada instalación y para la permanente adaptación técnica y operativa del mismo.

Capítulo II. De la remisión y tratamiento de datos en el Registro Mercantil Central

Artículo 384. Remisión de datos y su constancia. Redacción según Real Decreto 158/2008, de 8 de febrero.

1. Los registradores mercantiles remitirán al Registrador Mercantil Central los datos a los que se refiere este Reglamento inmediatamente después de la práctica del asiento correspondiente. Queda a salvo lo dispuesto en el artículo 370.

2. Asimismo, de forma inmediata se hará constar la expresada remisión por nota al margen del asiento practicado.

Artículo 385. Procedimiento de remisión.

1. La remisión de datos por los Registros Mercantiles se hará utilizando soportes magnéticos de almacenamiento o mediante comunicación telemática, a través de terminales o de equipos autónomos susceptibles de comunicación directa con el ordenador del Registrador Mercantil Central.

2. En cada comunicación se indicará el número correlativo que le corresponde dentro del año, la fecha de remisión y la clave que acredite su autenticidad.

3. El Registrador Mercantil Central verificará la regularidad y autenticidad de los envíos. Si no existiera obstáculo que impida la incorporación de los datos remitidos al archivo informatizado, se practicará ésta desde luego, comunicándolo así documentalmente al Registro de origen.

4. Diariamente se formarán por el Registrador Mercantil Central dos listados, firmados por el mismo: uno de incorporación de envíos, expresando el Registro de origen, fecha y número de remisión; y otro, en su caso, de envíos no incorporados, expresando en este caso, la causa que motive la no incorporación.

Artículo 386. Datos relativos a empresarios individuales.
Los datos esenciales relativos a empresarios individuales que habrán de comunicarse al Registrador Mercantil Central por los Registros Mercantiles, serán los siguientes:

1. Apellidos y nombre y Estado civil, así como la fecha de nacimiento, si fuese menor y la nacionalidad, si no fuese la española. Se hará constar, asimismo, el documento nacional de identidad. Tratándose de extranjeros, se expresará el número de Identificación de Extranjeros, el del pasaporte, el de su tarjeta de residencia o de cualquier otro documento legal de identificación.

2. La calle y número o lugar de situación, la localidad y el municipio del establecimiento principal.

3. El objeto de su empresa, descrito por el Registrador en forma extractada.

4. La fecha de comienzo de sus operaciones.

5. Redacción según Real Decreto 158/2008, de 8 de febrero. Apellidos y nombre de los apoderados y de los representantes legales, indicando la fecha del nombramiento. Se hará constar, asimismo, el documento nacional de identidad o el número de identificación fiscal. Tratándose de extranjeros, se expresará el número de identidad de extranjero o, en su defecto, el de su pasaporte o documento de viaje. Los mismos datos se remitirán en caso de revocación o cese.

6. El régimen económico matrimonial.

7. El consentimiento, la oposición y la revocación del cónyuge a que se refieren los artículos 6 a 10 del Código de Comercio, con indicación de su fecha.

8. La emisión de obligaciones, en los términos establecidos en el número 13 del artículo 388.

9. El establecimiento de sucursales y demás actos relativos a las mismas previstos en el artículo 389.

10. Cualquier modificación de los datos a que se refieren los apartados anteriores, con expresión de los extremos que en ellos se detallan.

Artículo 387. Datos relativos a la primera inscripción de sociedades y demás entidades.

1. Los datos esenciales relativos a la primera inscripción de las sociedades o entidades que se comunicarán al Registrador Mercantil Central por los Registros Mercantiles, serán los siguientes:

1. La denominación. Se hará constar, asimismo, el número de identificación fiscal.
2. La calle y número o lugar de situación, la localidad y el municipio del domicilio social.
3. La cifra de capital, indicando en su caso la parte no desembolsada. Cuando se trate de cajas de ahorro, fondos de inversión o mutuas de seguros, se indicará, en lugar de la cifra de capital, la del fondo de dotación, patrimonio del fondo y fondo mutual respectivamente.
4. La fecha de comienzo de sus operaciones. Si estuviere pendiente de algún condicionamiento administrativo se indicará así expresamente.
5. El plazo de duración, si no fuere indefinido.
6. El objeto social o, en su caso, la actividad descrita por el Registrador en forma extractada.
7. La estructura del órgano de administración.
8. Redacción según Real Decreto 158/2008, de 8 de febrero. Los apellidos y nombre o la denominación de quienes integren los órganos legal

o estatutariamente previstos para la administración y representación, indicando el cargo. Se hará constar, asimismo, el documento nacional de identidad o el número de identificación fiscal. Tratándose de extranjeros, se expresará el número de identidad de extranjero o, en su defecto, el de su pasaporte o documento de viaje.
9. Los apellidos y nombre o la denominación de los auditores, en su caso.

2. En caso de sociedad unipersonal, se comunicará, además, el carácter de sociedad unipersonal y la identidad del socio único.

Artículo 388. Datos relativos a actos posteriores de sociedades y entidades inscritas.
1. Los datos esenciales relativos a los actos posteriores a la primera inscripción de sociedades o entidades inscritas que se comunicarán al Registrador Mercantil Central por los Registros Mercantiles, serán los siguientes:

1. En los cambios de denominación social, la nueva denominación.
2. En los cambios de domicilio, la calle y número o lugar de situación, localidad y municipio del nuevo domicilio.
3. En los aumentos de capital, el importe de la ampliación, con expresión de la parte desembolsada y el capital total resultante.
4. En los desembolsos de dividendos pasivos, el importe que se desembolsa.
5. En las reducciones de capital, el importe de la reducción y la cifra final del capital.
6. En las sustituciones y modificaciones del objeto social, el nuevo o, en su caso, las variaciones introducidas en los términos previstos en el número 6 del artículo anterior.
7. En la modificación de la estructura del órgano de administración, la nueva estructura y la identidad de las personas designadas para ocupar los cargos.
8. En las demás modificaciones de los estatutos o del título constitutivo, una breve indicación de la materia a que se refiere (establecimiento o modificación de restricciones a la trasmisión de participaciones; creación

o supresión de acciones sin voto; modificaciones de quórum y mayorías legales; etc.).

9. En los nombramientos de miembros del órgano de administración, incluidos los delegados, o de los apoderados generales, la identidad de los nombrados y, en su caso, el cargo.

10. En la caducidad del cargo de administrador o en la revocación o cese de las personas contempladas en el apartado anterior, su identidad, con indicación del cargo que ostentaban.

11. En la modificación de facultades representativas, la identidad de las personas afectadas.

12. En el nombramiento, revocación o cese de auditores, la identidad de los afectados.

13. En la emisión de obligaciones, la fecha e importe de la emisión, así como la identidad del Comisario.

14. En la transformación, la nueva forma adoptada, así como los datos previstos en el artículo anterior en cuanto hayan sido objeto de modificación.

15. En la fusión, la extinción de las sociedades o entidades afectadas. Si la fusión da lugar a la creación de una nueva entidad, los datos a que se refiere el artículo anterior respecto de la misma.

Si la fusión fuese por absorción, las modificaciones que se hayan producido, de conformidad con lo establecido en este artículo.

16. En la escisión, la extinción o, en su caso, la escisión parcial de la sociedad o entidad afectada.

Si la escisión da lugar a la creación de una o varias nuevas sociedades o entidades, los datos a que se refiere el artículo anterior respecto de cada una de ellas. Si el patrimonio escindido es objeto de absorción por otra sociedad, las modificaciones de esta última, de conformidad con lo establecido en este artículo.

17. En el establecimiento de sucursales y en los demás actos relativos a las mismas mencionados en el artículo 389, los datos previstos en el mismo.

18. En la disolución, su causa, la identidad de los liquidadores y, en su caso, del interventor, así como la reactivación si se produjere.

19. En caso de prórroga, el nuevo plazo de duración.

20. En el cierre provisional o definitivo de la hoja registral, la fecha y su causa y, sin perjuicio de ello, la constancia en dicha hoja de la existencia de activos sobrevenidos.

21. En la anotación preventiva de la demanda de impugnación de los acuerdos sociales, la identidad del demandante o demandantes, el Juzgado ante el que se tramita la impugnación y su número de Autos, así como el acuerdo impugnado debidamente identificado.

22. En la anotación preventiva de la suspensión de los acuerdos impugnados, se hará constar el Juzgado que acordó la suspensión, fecha de la resolución, así como el acuerdo o acuerdos suspendidos.

23. Referencia a la inscripción de la certificación de no haberse aprobado las cuentas que hubieren debido depositarse.

24. Añadido por Real Decreto 158/2008, de 8 de febrero. Referencia al hecho del depósito en el Registro Mercantil correspondiente de los pactos parasociales y de otros pactos que afecten a una sociedad cotizada conforme a lo previsto por el artículo 112 de la Ley 24/1988, de 28 de julio, del Mercado de Valores.

25. Referencia al hecho de la inscripción en el Registro Mercantil correspondiente de los reglamentos de la junta general de accionistas y del consejo de administración de las sociedades cotizadas conforme a lo previsto en los artículos 113 y 115 de la Ley 24/1988, de 28 de julio, del Mercado de Valores.

2. En caso de sociedad unipersonal se comunicará, además, la adquisición o la pérdida de tal situación, el cambio de socio único así como, en su caso, la identidad de éste.

3. Añadido por Real Decreto 158/2008, de 8 de febrero. En los supuestos a los que se refieren los números 7, 9 10 y 11 del apartado 1 del presente artículo, se hará constar, asimismo, el documento nacional de identidad o el número de identificación fiscal. Tratándose de extranjeros, se expresará el

número de identidad de extranjero o, en su defecto, el de su pasaporte o documento de viaje.

Artículo 389. Datos relativos a sucursales.

Los datos esenciales relativos a las sucursales inscritas, que se comunicarán al Registrador Mercantil Central por el Registro Mercantil correspondiente a la sede de las mismas, serán los siguientes:

1. El establecimiento de la sucursal, indicando en extracto las actividades que, en su caso, se le hubieren encomendado y la identidad de los representantes de carácter permanente nombrados para la misma.

2. El nombramiento y revocación o cese de apoderados generales, expresando su identidad.

3. Los cambios de domicilio, con indicación de la calle y número o lugar de situación, la localidad y el municipio del nuevo domicilio.

4. El cierre de la sucursal.

5. Los actos relativos a la sociedad extranjera que se hayan inscrito en el Registro de su sucursal en España, expresando los datos correspondientes con arreglo al artículo anterior.

6. En todo caso, se indicará la identidad del empresario individual o la denominación de la sociedad o entidad a que pertenezca la sucursal y su nacionalidad, cuando no sea la española, así como cualquier mención que, en su caso, identifique la sucursal y necesariamente, el domicilio de ésta.
Párrafo añadido por Real Decreto 158/2008, de 8 de febrero. En los supuestos a los que se refieren los números 1 y 2 se hará constar, asimismo, el documento nacional de identidad o el número de identificación fiscal. Tra-

tándose de extranjeros, se expresará el número de identidad de extranjero o, en su defecto, el de su pasaporte o documento de viaje.

Artículo 390. Datos no previstos.
En cualquier otro supuesto no previsto en los artículos anteriores, los datos a remitir serán los establecidos en la norma que ordene aquélla o, en su caso, los que sean suficientes para que la publicación permita apreciar el contenido esencial del asiento a que se refieran.

Artículo 391. Datos comunes.
1. Los datos a que se refieren los artículos anteriores irán precedidos en todo caso de la indicación del sujeto a que afecten, de la naturaleza o clase del acto inscrito y de la fecha y datos del asiento practicado.

2. En los supuestos de fusión y escisión, se indicará además la denominación de las otras sociedades o entidades afectadas, así como, en su caso, la denominación de la resultante o absorbente.

3. Cuando se trate de actos inscritos en virtud de una resolución judicial o administrativa se indicará, además, el órgano que la hubiere dictado y su fecha.

Artículo 392. Datos relativos a circunstancias no inscritas.
1. Los datos relativos a circunstancias no inscritas que se comunicarán al Registrador Mercantil Central por los Registros Mercantiles al objeto de que gestione su publicación en el Boletín Oficial del Registro Mercantil serán los siguientes:

1. Cuando se trate de la fundación sucesiva de una sociedad anónima, la indicación del Registro donde se efectuó el depósito del programa de fundación, del folleto explicativo y de la certificación que acredite su depósito previo ante la Comisión Nacional del Mercado de Valores, la fecha del mismo, el nombre y apellidos de los promotores, la cifra de capital que se pretende emitir y el plazo de suscripción, así como si

la aportación es dineraria o no. Además se expresará la indicación de que los documentos depositados pueden ser consultados en el propio Registro o en la Comisión Nacional del Mercado de Valores.
2. Si se produjese la falta de inscripción prevista en el artículo 131 de este Reglamento, la fecha a partir de la cual los suscriptores pueden exigir la restitución de sus aportaciones con sus frutos.
3. En las fusiones o escisiones de sociedades, la fecha en que se haya depositado el correspondiente proyecto de fusión o escisión.
4. En los depósitos de cuentas anuales, la denominación de las sociedades que hubiesen cumplido, durante el mes anterior, con dicha obligación.
5. La fecha en que se depositen los libros, correspondencia, documentación y justificantes concernientes a su tráfico, en los casos de liquidación de sociedades o cese de actividad de empresarios individuales.

2. En cualquier otro supuesto no previsto en el apartado anterior, se publicarán los datos que prevea la norma que lo regule.

Artículo 393. Errores en la remisión de datos.
1. Si el Registrador Mercantil Central observase algún error en los datos remitidos, o defecto en el soporte utilizado que impida su incorporación al archivo informatizado, suspenderá ésta, y lo comunicará al Registro de origen para su subsanación, indicando la causa.

2. Si el error fuese detectado en el Registro de origen después de la remisión de los datos y antes de su publicación, lo comunicará al Registrador Mercantil Central, indicando los datos correctos.

Artículo 394. Reelaboración de la información.
El Registrador Mercantil Central podrá reelaborar la información remitida por los Registradores Mercantiles, con la finalidad de adaptarla al sistema informático del Registrador Mercantil Central y a las funciones de éste.

Capítulo III. De la Sección de denominaciones de sociedades y entidades inscritas

Sección I. Disposiciones generales

Artículo 395. Contenido de la Sección.
En el Registro Mercantil Central se llevará una Sección de denominaciones que se integrará por las siguientes:

1. Denominaciones de las sociedades y demás entidades inscritas.

2. Denominaciones sobre cuya utilización exista reserva temporal en los términos establecidos en este Reglamento.

Artículo 396. Inclusión de entidades no inscribibles en la Sección de denominaciones.
1. En la Sección de denominaciones del Registro Mercantil Central podrán incluirse las denominaciones de otras entidades cuya constitución se halle inscrita en otros Registros públicos, aunque no sean inscribibles en el Registro Mercantil, cuando así lo soliciten sus legítimos representantes.

2. La solicitud, ajustada al modelo oficial, deberá ir acompañada de certificación que acredite la vigencia de la inscripción en el Registro o Registros correspondientes.

Artículo 397. Inclusión de denominaciones de origen.
1. En la Sección de denominaciones del Registro Mercantil Central podrán incluirse las denominaciones de origen.

2. La solicitud de inscripción se formulará por el Consejo Regulador correspondiente, a la que se acompañará la resolución administrativa por la que se apruebe la denominación.

Sección II. De la composición y de la denominación de las sociedades y demás entidades inscribibles

Artículo 398. Unidad de denominación.

1. Las sociedades y demás entidades inscribibles solo podrán tener una denominación.

2. Las siglas o denominaciones abreviadas no podrán formar parte de la denominación. Quedan a salvo las siglas indicativas del tipo de sociedad o entidad previstas en el artículo 403.

Artículo 399. Signos de la denominación.

1. Las denominaciones de sociedades y demás entidades inscribibles deberán estar formadas con letras del alfabeto de cualquiera de las lenguas oficiales españolas.

2. La inclusión de expresiones numéricas podrá efectuarse en guarismos árabes o números romanos.

Artículo 400. Clases de denominaciones.

1. Las sociedades anónimas y de responsabilidad limitada podrán tener una denominación subjetiva o razón social, o una denominación objetiva.

2. Las sociedades colectivas o comanditarias simples deberán tener una denominación subjetiva o razón social, en la que figurarán necesariamente el nombre y apellidos, o solo uno de los apellidos de todos los socios colectivos, de algunos de ellos o de uno solo, debiendo añadirse en estos dos últimos casos la expresión y compañía o su abreviatura y cía. Podrá formar parte de dicha denominación subjetiva alguna expresión que haga referencia a una actividad que esté incluida en el objeto social. En este caso, será aplicable lo dispuesto en el inciso final del apartado 2 del artículo 402.

3. Las sociedades comanditarias por acciones podrán tener una denominación subjetiva o razón social, en la forma prevista en el apartado anterior, o una denominación objetiva.

Artículo 401. Denominaciones subjetivas.

1. En la denominación de una sociedad anónima o de responsabilidad limitada o de una entidad sujeta a inscripción, no podrá incluirse total o parcialmente el nombre o el seudónimo de una persona sin su consentimiento. Se presume prestado el consentimiento cuando la persona cuyo nombre o seudónimo forme parte de la denominación sea socio de la misma.

2. La persona que, por cualquier causa, hubiera perdido la condición de socio de una sociedad anónima o de responsabilidad limitada, no podrá exigir la supresión de su nombre de la denominación social, a menos que se hubiera reservado expresamente este derecho.

3. En la denominación de una sociedad colectiva o comanditaria, simple o por acciones, no podrá incluirse total o parcialmente el nombre de persona natural o jurídica que no tenga de presente la condición de socio colectivo.

4. En el caso de que una persona cuyo nombre figure total o parcialmente en la razón social perdiera por cualquier causa la condición de socio colectivo, la sociedad está obligada a modificar de inmediato la razón social.

Artículo 402. Denominaciones objetivas.

1. La denominación objetiva podrá hacer referencia a una o varias actividades económicas o ser de fantasía.

2. No podrá adoptarse una denominación objetiva que haga referencia a una actividad que no esté incluida en el objeto social. En el caso de que la actividad que figura en la denominación social deje de estar incluida en el objeto social, no podrá inscribirse en el Registro Mercantil la modificación

del mismo sin que se presente simultáneamente a inscripción la modificación de la denominación.

Artículo 403. Indicación de la forma social.

1. En la denominación social deberá figurar la indicación de la forma social de que se trate o su abreviatura. En el caso de que figure la abreviatura, se incluirá ésta al final de la denominación.

2. En las denominaciones de las sociedades inscribibles, solo podrán utilizarse las siguientes abreviaturas:

   1. S.A., para la sociedad anónima.
   2. S.L., o S.R.L., para la sociedad de responsabilidad limitada.
   3. S.C., o S.R.C., para la sociedad colectiva.
   4. S. en C. o S. Com., para la sociedad comanditaria simple.
   5. S. Com. P.A., para la sociedad comanditaria por acciones.
   6. S. Coop., para la sociedad cooperativa.
   7. S.G.R., para la sociedad de garantía recíproca.
   8. Añadido por Real Decreto 659/2007, de 25 de mayo. S.E., para la sociedad anónima europea.

3. En el caso de sociedades mercantiles especiales, se estará a lo dispuesto en la legislación que les sea específicamente aplicable.

4. En las denominaciones de los fondos inscribibles, solo podrán utilizarse las siguientes abreviaturas:

   1. F.I.M., para el fondo de inversión mobiliaria.
   2. F.I.A.M.M., para el fondo de inversión en activos del mercado monetario.
   3. F. P., para el fondo de pensiones.
   4. F.I.I., para los Fondos de Inversión Inmobiliaria.
   5. S.I.I., para las Sociedades de Inversión Inmobiliaria.

5. En las denominaciones de las agrupaciones de interés económico, solo podrán utilizarse las siguientes abreviaturas:

1. A.I.E., para la agrupación de interés económico.
2. A.E.I.E., para la agrupación europea de interés económico.

Artículo 404. Prohibición general.
No podrán incluirse en la denominación términos o expresiones que resulten contrarios a la Ley, al orden público o a las buenas costumbres.

Artículo 405. Prohibición de denominaciones oficiales.
1. Las sociedades y demás entidades inscribibles en el Registro Mercantil no podrán formar su denominación exclusivamente con el nombre de España, sus Comunidades Autónomas, provincias o municipios. Tampoco podrán utilizar el nombre de organismos, departamentos o dependencias de las Administraciones Públicas, ni el de Estados extranjeros u organizaciones internacionales.

2. Los adjetivos nacional o estatal solo podrán ser utilizados por sociedades en las que el Estado o sus organismos autónomos ostenten directa o indirectamente la mayoría del capital social.
Los adjetivos autonómico, provincial o municipal solo podrán ser utilizados por sociedades en las que la correspondiente administración ostente directa o indirectamente la mayoría del capital social.
El adjetivo oficial y demás de análogo significado solo podrán ser utilizados por las sociedades en que la administración pública ostente la mayoría del capital.

3. Las prohibiciones establecidas en este artículo no serán de aplicación cuando el empleo en la denominación de las expresiones a que se refieren se halle amparado por una disposición legal o haya sido debidamente autorizado.

Artículo 406. Prohibición de denominaciones que induzcan a

error.
No podrá incluirse en la denominación término o expresión alguna que induzca a error o confusión en el tráfico mercantil sobre la propia identidad de la sociedad o entidad, y sobre la clase o naturaleza de éstas.

Artículo 407. Prohibición de identidad.
1. No podrán inscribirse en el Registro Mercantil las sociedades o entidades cuya denominación sea idéntica a alguna de las que figuren incluidas en la Sección de denominaciones del Registro Mercantil Central.

2. Aun cuando la denominación no figure en el Registro Mercantil Central, el Notario no autorizará, ni el Registrador inscribirá, sociedades o entidades cuya denominación les conste por notoriedad que coincide con la de otra entidad preexistente, sea o no de nacionalidad española.

Artículo 408. Concepto de identidad.
1. Se entiende que existe identidad no solo en caso de coincidencia total y absoluta entre denominaciones, sino también cuando se dé alguna de las siguientes circunstancias:

1. La utilización de las mismas palabras en diferente orden, género o número.
2. La utilización de las mismas palabras con la adición o supresión de términos o expresiones genéricas o accesorias, o de artículos, adverbios, preposiciones, conjunciones, acentos, guiones, signos de puntuación u otras partículas similares, de escasa significación.
3. La utilización de palabras distintas que tengan la misma expresión o notoria semejanza fonética.

2. Los criterios establecidos en las reglas 1, 2 y 3 del apartado anterior no serán de aplicación cuando la solicitud de certificación se realice a instancia o con autorización de la sociedad afectada por la nueva denominación que pretende utilizarse.

En la certificación expedida por el Registrador Mercantil Central se consignará la oportuna referencia a la autorización. La autorización habrá de testimoniarse en la escritura o acompañarse a la misma para su inscripción en el Registro Mercantil.

3. Para determinar si existe o no identidad entre dos denominaciones se prescindirá de las indicaciones relativas a la forma social o de aquellas otras cuya utilización venga exigida por la Ley.

Sección III. Del funcionamiento de la sección de denominaciones

Artículo 409. Certificación de denominaciones.

1. A solicitud del interesado, el Registrador Mercantil Central expedirá certificación expresando, exclusivamente, si la denominación figura o no registrada y, en su caso, los preceptos legales en que basa su calificación desfavorable.

2. Se considera como registrada aquella denominación que vulnere la prohibición de identidad a que se refieren los artículos 407 y 408.

Artículo 410. Entrada de solicitudes.

1. Las solicitudes de certificación se formularán por escrito, ajustadas a modelo oficial, y podrán referirse a una sola denominación o a varias, hasta un máximo de tres.

2. Las solicitudes se presentarán directamente en el Registro Mercantil Central o se remitirán por correo. El Ministerio de Justicia podrá autorizar otras modalidades de presentación de la solicitud.

3. Recibidas las solicitudes en el Registro Mercantil Central, se numerarán correlativamente dentro de cada año, con expresión del día de la recepción, entregando recibo al presentante.

Las solicitudes recibidas por correo se numerarán al final del día.

Artículo 411. Calificación y recursos.

1. En el plazo de tres días hábiles a partir de la recepción, el Registrador Mercantil Central calificará si la composición de la denominación se ajusta a lo establecido en los artículos 398, 399 y 407 y expedirá o no la certificación según proceda.

2. Contra la decisión del Registrador podrá interponerse recurso gubernativo conforme a las normas contenidas en los artículos 66 y siguientes de este Reglamento.

Artículo 412. Reserva temporal de denominación.

1. Redacción según Real Decreto 158/2008, de 8 de febrero. Expedida certificación de que no figura registrada la denominación solicitada, se incorporará ésta a la Sección de denominaciones, con carácter provisional, durante el plazo de seis meses, contados desde la fecha de expedición. Cuando la certificación comprenda varias denominaciones, solo se incorporará a la sección, la primera respecto de la cual se hubiera emitido certificación negativa.

2. Si transcurrido el plazo a que se refiere el apartado anterior no se hubiera recibido en el Registro Mercantil Central comunicación de haberse practicado la inscripción de la sociedad o entidad, o de la modificación de sus estatutos en el Registro Mercantil correspondiente, la denominación registrada caducará y se cancelará de oficio en la Sección de denominaciones.

3. Si el documento presentado en el Registro Mercantil estuviera pendiente de despacho por cualquier causa, el Registrador comunicará esta circunstancia al Registrador Mercantil Central dentro de los quince últimos días del plazo de reserva de la denominación, quedando prorrogada, por virtud de la comunicación, la duración de dicha reserva durante dos meses, contados desde la expiración del plazo.

4. Si se hubiese interpuesto recurso gubernativo contra la calificación del Registrador Mercantil, éste lo comunicará al Registrador Mercantil Central, a los efectos de prorrogar la reserva de la denominación durante dos más, contados desde la fecha de la resolución de aquél.

Artículo 413. Obligatoriedad de la certificación negativa.
1. No podrá autorizarse escritura de constitución de sociedades y demás entidades inscribibles o de modificación de denominación, sin que se presente al Notario la certificación que acredite que no figura registrada la denominación elegida.
La denominación habrá de coincidir exactamente con la que conste en la certificación negativa expedida por el Registrador Mercantil Central.

2. La certificación presentada deberá ser la original, estar vigente y haber sido expedida a nombre de un fundador o promotor o, en caso de modificación de la denominación, de la propia sociedad o entidad.

3. La certificación deberá protocolizarse con la escritura matriz.

Artículo 414. Vigencia de la certificación negativa.
1. Redacción según Real Decreto 158/2008, de 8 de febrero. La certificación negativa tendrá una vigencia de tres meses contados desde la fecha de su expedición por el Registrador Mercantil Central. Caducada la certificación, el interesado podrá solicitar una nueva con la misma denominación. A la solicitud deberá acompañar la certificación caducada.

2. No podrá autorizarse ni inscribirse documento alguno que incorpore una certificación caducada.

Artículo 415. Firmeza del Registro.
Una vez inscrita la sociedad o entidad, el registro de la denominación se convertirá en definitivo.

Artículo 416. Cambio voluntario de denominación.

En caso de modificación de denominación, la denominación anterior caducará transcurrido un año desde la fecha de la inscripción de la modificación en el Registro Mercantil, cancelándose de oficio.

Artículo 417. Cambio judicial de denominación.
1. La sentencia firme que, por cualquier causa, ordene el cambio de denominación, habrá de inscribirse, mediante testimonio de la misma, en el Registro Mercantil en que figure inscrita la entidad condenada. El Registrador remitirá al Registrador Mercantil Central los datos correspondientes para su inmediata publicación en el Boletín Oficial del Registro Mercantil.

2. Efectuada la inscripción, no podrán acceder al Registro Mercantil Provincial correspondiente nuevas inscripciones relativas a las sociedades o entidades que deban modificar su denominación, en tanto no se inscriba la nueva denominación de la sociedad o entidad afectada.

Artículo 418. Sucesión en la denominación.
1. En caso de fusión, la entidad absorbente o la nueva entidad resultante, podrán adoptar como denominación la de cualquiera de las que se extingan por virtud de la fusión.

2. En caso de escisión total, cualquiera de las entidades beneficiarias podrá adoptar como denominación la de la entidad que se extingue por virtud de la escisión.

3. En todo caso, para la inscripción de la denominación de la nueva entidad o de la absorbente no será necesaria la certificación a que se refiere el artículo 409.

Artículo 419. Caducidad de denominaciones de entidades canceladas.
Las denominaciones de aquellas sociedades y demás entidades inscritas que hubieren sido canceladas en el Registro Mercantil, caducarán trans-

currido un año desde la fecha de la cancelación de la sociedad o entidad, cancelándose de oficio en la sección de denominaciones.

Capítulo IV. Del Boletín Oficial del Registro Mercantil

Artículo 420. Secciones del Boletín.

El Boletín Oficial del Registro Mercantil publicará los datos previstos en la Ley y en el Reglamento en dos secciones:

1. La Sección 1) se denominará empresarios, y tendrá dos apartados: actos inscritos y otros actos publicados en el Registro Mercantil.

2. La sección 2) se denominará anuncios y avisos legales.

Artículo 421. Sección 1): Empresarios.

1. El Registrador Mercantil Central determinará el contenido de la Sección 1) del Boletín, e incluirá en ella los datos remitidos por los Registradores Mercantiles.
En el apartado actos inscritos se recogerán los datos a que se refieren los artículos 386 a 391.
En el apartado otros actos publicados en el Registro Mercantil se recogerán los datos a que se refiere el artículo 392.
Párrafo añadido por Real Decreto 158/2008, de 8 de febrero. No serán objeto de publicación los datos relativos al documento nacional de identidad o número de identificación fiscal, número de identidad de extranjero o, en su defecto, el de su pasaporte o documento de viaje a los que se refieren los artículos 386.5, 387.1.8, 388.3 y 389, último párrafo.

2. Una vez realizada la publicación en el Boletín, se hará constar esta circunstancia por nota al margen del asiento principal o mediante el correspondiente apunte informático.

Artículo 422. Sección 2): Anuncios.

1. La Sección 2) del Boletín Oficial del Registro Mercantil se regirá por las normas del Capítulo V del Reglamento del Boletín Oficial del Estado, en tanto no se oponga a lo establecido en el presente Reglamento.

2. En dicha Sección se publicarán los anuncios y avisos legales correspondientes a aquellos actos de los empresarios que no causen operación en el Registro Mercantil y cuya publicación resulte impuesta por la Ley al empresario.

3. Añadido por Real Decreto 158/2008, de 8 de febrero. Asimismo, se publicarán en dicha sección las notificaciones, comunicaciones y trámites a los que se refiere el artículo 23.1 de la Ley 22/2003, de 9 de julio, Concursal.

Artículo 423. Organismo editor.
1. Corresponde al Organismo Autónomo Boletín Oficial del Estado la impresión, distribución y venta del Boletín Oficial del Registro Mercantil.

2. La Dirección General del Organismo Autónomo Boletín Oficial del Estado asumirá las funciones técnicas, económicas y administrativas en orden a la edición de dicho Boletín.

Artículo 424. Periodicidad.
1. La publicación del Boletín será diaria, excepto sábados, domingos y días festivos en la localidad donde se edite el Boletín.

2. No obstante, se podrán agrupar los datos correspondientes hasta un máximo de tres días cuando por su escaso volumen así lo acordare el organismo editor del Boletín, una vez oído el Registrador Mercantil Central.

Artículo 425. Remisión de datos al organismo editor.
1. A efectos de la publicación de los actos de la Sección 1) del Boletín Oficial del Registro Mercantil, el Registrador Mercantil Central entregará diariamente al Organismo Autónomo Boletín Oficial del Estado un soporte informático adecuado que contenga los datos objeto de publicación.

2. De dicha entrega se levantará la correspondiente acta, firmando el organismo editor uno de los ejemplares, que se archivará en el Registro Mercantil Central.

Artículo 426. Régimen económico.
1. El coste de la publicación en la Sección 1) del Boletín Oficial del Registro Mercantil será satisfecho por los interesados, quienes, a estos efectos, deberán anticipar los fondos necesarios al Registrador Mercantil a quien soliciten la inscripción. Quedan exceptuados los datos de los asientos practicados de oficio por el Registrador, cuya publicación será gratuita.
La falta de la oportuna provisión tendrá la consideración de defecto subsanable.

2. Mensualmente, el Registrador Mercantil Central satisfará al Organismo Autónomo Boletín Oficial del Estado las cantidades adeudadas por las publicaciones realizadas en el mes anterior, con los fondos recibidos de los Registros Mercantiles Provinciales, expresando, en su caso, las cantidades pendientes de liquidar y el Registro correspondiente.

3. El importe de los actos a publicar en la Sección 1) del Boletín Oficial del Registro Mercantil será fijado conjuntamente por los Ministros de Justicia y de la Presidencia previo informe del Ministerio de Economía y Hacienda.

4. Los avisos y anuncios a publicar en la Sección 2) del Boletín Oficial del Registro Mercantil serán satisfechos directamente por los interesados al organismo editor, de conformidad con las tarifas vigentes.

Artículo 427. Subsanación de errores en la publicación.
1. La publicación de la subsanación de errores advertidos en el Boletín Oficial del Registro Mercantil se hará a petición del Registrador Mercantil Central. Este actuará de oficio, a instancia del Registrador Mercantil o del interesado, remitiendo la oportuna rectificación, en la que indicará el error observado y los datos correctos que deban publicarse.

2. La publicación de la subsanación de errores podrá realizarse directamente por el propio organismo editor, cuando se trate de erratas o de discordancias entre el texto remitido y el texto publicado.

Artículo 428. Régimen supletorio.

En lo no previsto en este Capítulo y en la medida en que resulte aplicable, el Boletín Oficial del Registro Mercantil se regirá por lo dispuesto en la normativa reguladora del Boletín Oficial del Estado.

Disposición adicional primera

1. El Registro Mercantil Central estará a cargo de dos Registradores, cuyas plazas serán provistas de acuerdo con lo establecido en el artículo 13 de este Reglamento.

2. Los restantes Registros Mercantiles seguirán siendo unipersonales, salvo los de Madrid, Barcelona, Valencia y Bilbao que, de conformidad con las disposiciones vigentes, estarán a cargo, respectivamente, de diecisiete, dieciséis, cuatro y tres Registradores.

3. La Dirección General de los Registros y del Notariado podrá nombrar uno o varios Registradores de la Propiedad en comisión de servicio en los Registros Mercantiles, si así lo aconsejare el volumen de documentación presentada en dichos Registros.

Disposición adicional segunda

El Registrador Mercantil Central, con los datos recibidos de los Registradores Mercantiles Provinciales concernientes a los actos sociales inscritos en los mismos y publicados en el Boletín Oficial del Registro Mercantil, elaborará anualmente una memoria estadística que remitirá a la Dirección General de los Registros y del Notariado dentro del primer mes de cada año.

Disposición adicional tercera

En la hoja abierta a las entidades de seguros se inscribirán, en virtud de la correspondiente escritura pública, las cesiones de cartera. Cuando el registro de la sociedad cedente no coincida con el de la cesionaria, se aplicará lo establecido en los artículos 231 y 233 de este Reglamento.

Disposición adicional cuarta
Redacción según Real Decreto 899/2007, de 6 de julio.

1. Los sujetos inscribibles a los que se concedan los incentivos económicos regionales previstos en la Ley 50/1985, de 27 de diciembre, deberán presentar en el plazo de un mes a contar desde la fecha de la aceptación de la concesión, la correspondiente resolución administrativa ante el Registrador Mercantil acompañada de su aceptación, a fin de que se consignen en su hoja por medio de nota marginal dicha concesión y sus condiciones. Asimismo deberán presentar en el mismo plazo de un mes todas las resoluciones posteriores a la de concesión de los Incentivos Regionales: las resoluciones de prórroga, modificación de los incentivos o pérdida de los derechos si se produce el cambio de titularidad de los incentivos, los cuales, igualmente deberán consignarse mediante nota.

2. La nota a que se refiere el apartado anterior se cancelará por otra, mediante la cual se haga constar el cumplimiento de las condiciones de la concesión. El asiento se practicará en virtud del correspondiente certificado de cumplimiento de condiciones.

3. En los supuestos de incumplimiento de condiciones solo podrá anotarse la cancelación de la nota marginal de concesión cuando se acredite, mediante la correspondiente certificación, haberse ingresado en el Tesoro las cantidades derivadas del reintegro de las cuantías indebidamente percibidas y de la exigencia de los intereses de demora devengados tal y como prevé el artículo 7.1 de la Ley 50/1985, de 10 de diciembre, de Incentivos Regionales para la corrección de desequilibrios económicos interterritoriales.

Disposición adicional quinta

Los Corredores de Comercio Colegiados presentarán sus Libros-Registro oficiales para su legalización ante la Junta Sindical del Colegio al que pertenezcan, dentro de los plazos establecidos por la normativa que les es de aplicación, procediéndose por dicha Junta al diligenciado de tales Libros-Registro, por delegación del correspondiente Registrador Mercantil, al que dará cuenta en el plazo de setenta y dos horas desde la práctica de cada diligencia, con indicación del Corredor, clase y número del Libro-Registro, número de folios y, en su caso, número de asientos. En el mes siguiente a la terminación de cada ejercicio, se remitirá por cada Colegio al Registrador correspondiente una relación de todas las diligencias practicadas, con los requisitos expresados anteriormente.

Disposición adicional sexta

No obstante lo dispuesto en el artículo 329 de este Reglamento, la legalización de los libros de cooperativas, salvo los de las cooperativas de crédito y de seguros, se llevará a cabo de conformidad con lo dispuesto en la legislación de cooperativas y, en su defecto, por lo dispuesto en este Reglamento.

Disposición adicional séptima

En la hoja abierta a la entidad participada públicamente se inscribirá el contenido dispositivo del correspondiente Real Decreto por el que se establece el régimen de la autorización administrativa, así como sus posteriores modificaciones, según lo dispuesto en el artículo 4 de la Ley 5/1995, de 23 de marzo, de Régimen Jurídico de Enajenación de Participaciones Públicas en Determinadas Empresas.

Será título bastante para inscribir, instancia suscrita por el representante de la sociedad participada o instancia remitida por el órgano competente por la que se requiera al Registrador Mercantil para la constancia del régimen de intervención, con indicación de su contenido y la fecha de publicación del correspondiente Decreto en el Boletín Oficial del Estado.

Se suspenderá la inscripción de los actos y acuerdos sociales inscribibles sujetos a autorización sin que previamente se acredite ésta.

Disposición adicional octava

Las asociaciones y demás sujetos no inscribibles obligados a legalizar sus libros y a realizar el depósito de cuentas anuales, conforme dispone la legislación mercantil para los empresarios, presentarán los respectivos documentos ante el Registrador Mercantil competente por razón de su domicilio.

Disposición adicional novena

De acuerdo con lo dispuesto en la disposición adicional cuarta de la Ley 7/1996, de 15 de mayo, de Ordenación del Comercio Minorista:

1. Las entidades de cualquier naturaleza jurídica que se dediquen al comercio mayorista o minorista o a la realización de adquisiciones o presten servicios de intermediación para negociar las mismas, por cuenta o encargo de los comerciantes al por menor, deberán formalizar su inscripción, así como el depósito anual de sus cuentas en el Registro Mercantil, conforme determina este Reglamento, cuando en el ejercicio inmediato anterior las adquisiciones realizadas o intermediadas o sus ventas, hayan superado la cifra de 100.000.000 de pesetas.
Estas obligaciones no serán aplicables a los comerciantes que sean personas físicas.

2. La falta de inscripción o de depósito de las cuentas será sancionada en la forma prevista en el artículo 221 de la Ley de Sociedades Anónimas.

3. Lo dispuesto en los apartados 1 y 2 se aplicará sin perjuicio de la obligación de inscripción y depósito de cuentas establecida para otras entidades de acuerdo con sus normas específicas.

4. Se faculta a la Ministra de Justicia para que dicte las normas necesarias para la aplicación de esta disposición adicional.

Disposición transitoria primera

1. Serán inscribibles en el Registro Mercantil las escrituras de constitución de sociedades de responsabilidad limitada o de modificación de sus es-

tatutos otorgadas con anterioridad al 1 de junio de 1995, con arreglo a la legislación vigente al tiempo de su otorgamiento.

2. Asimismo, serán inscribibles en el Registro Mercantil, con arreglo a la legislación vigente en el período de tiempo expresado en el apartado anterior, los acuerdos sociales adoptados dentro de dicho período por los órganos de las sociedades de responsabilidad limitada, aún cuando hayan sido ejecutados y elevados a instrumento público con posterioridad al 31 de mayo de 1995, siempre que su fecha de adopción conste en documento público o se acredite por cualquiera de las formas previstas en el artículo 1227 del Código Civil.
Cuando se trate de acuerdos de Juntas Generales de sociedades de responsabilidad limitada no celebradas con el carácter de universales, la fecha de su adopción podrá acreditarse también mediante la correspondiente certificación acompañada del ejemplar de los diarios en que se hubiese publicado el anuncio de la convocatoria o testimonio notarial de los mismos, o bien de acta notarial en la que conste la remisión a los socios del anuncio de la convocatoria.

3. Las inscripciones a que se refieren los apartados anteriores, se practicarán sin perjuicio de lo dispuesto en la disposición transitoria primera de la Ley 2/1995, de 23 de marzo, de Sociedades de Responsabilidad Limitada.

4. En la inscripción y en el título el Registrador hará constar que, conforme a lo dispuesto en la disposición transitoria primera de la Ley 2/1995, de 23 de marzo, quedan sin efecto cuantas disposiciones contengan los estatutos que sean contrarias a dicha norma, siendo precisa su adaptación dentro del plazo previsto en la disposición transitoria segunda.

Disposición transitoria segunda

Serán inscribibles en el Registro Mercantil las escrituras de Constitución, de modificación de estatutos de las sociedades de responsabilidad limitada o de elevación a público de acuerdos sociales, otorgadas con anterioridad al día 1 de junio de 1995 cuyo contenido esté adecuado a la Ley 2/1995, de 23 de marzo.

Disposición transitoria tercera

1. Serán inscribibles en el Registro Mercantil la emisión de obligaciones u otros valores negociables, agrupados en emisiones, y demás actos y circunstancias relativos a las mismas que, con anterioridad al 1 de junio de 1995, hubieran sido acordadas por sociedades de responsabilidad limitada, colectivas o comanditarias simples, siempre que la fecha de adopción del correspondiente acuerdo conste en documento público o se acredite por cualquiera de las formas previstas en el artículo 1227 del Código Civil y la emisión se haya realizado conforme a lo dispuesto en la Ley 211/1964, de 24 de diciembre, sobre emisión de obligaciones por sociedades colectivas comanditarias o de responsabilidad limitada, por asociaciones u otras personas jurídicas.

2. Igualmente, serán inscribibles las emisiones de obligaciones u otros valores negociables, agrupados en emisiones, realizadas por empresarios individuales, con arreglo a la legislación citada en el apartado anterior, cuya formalización en escritura pública haya tenido lugar con anterioridad al 1 de junio de 1995.

Disposición transitoria cuarta

La declaración de unipersonalidad a que se refiere la disposición transitoria octava de la Ley 2/1995, de 23 de marzo, de Sociedades de Responsabilidad Limitada, deberá estar complementada con los documentos previstos para la inscripción de la unipersonalidad sobrevenida, respectivamente, para las sociedades anónimas y de responsabilidad limitada en los artículos 174 y 203 de este Reglamento.

Disposición transitoria quinta

El cierre registral a que se refiere el artículo 378 de este Reglamento se aplicará a los ejercicios sociales cerrados con posterioridad al 1 de junio de 1995.

Disposición transitoria sexta

1. La nota de disconformidad prevista en la disposición transitoria segunda de la Ley 2/1995, de 23 de marzo, de Sociedades de Responsabilidad Limitada, se extenderá indicando la disposición de la escritura o de los estatutos sociales a que se refiera y la norma legal o reglamentaria infringida.

2. Las notas marginales de conformidad o disconformidad previstas en la citada disposición transitoria, se equiparan a los asientos practicados de oficio a los efectos del artículo 426 del Reglamento.

Disposición transitoria séptima

1. Serán inscribibles en el Registro Mercantil, con arreglo a la legislación anterior, las escrituras de Constitución de sociedades anónimas, o comanditarias por acciones, otorgadas con anterioridad al 1 de enero de 1990.

2. Asimismo, serán inscribibles en el Registro Mercantil, con arreglo a la legislación anterior, los acuerdos sociales adoptados con anterioridad al 1 de enero de 1990 por los órganos de las sociedades anónimas, o comanditarias por acciones, aún cuando hayan sido ejecutados y elevados a instrumento público con posterioridad a dicha fecha, siempre que su fecha de adopción conste en documento público o se acredite por cualquiera de las formas previstas en el artículo 1227 del Código Civil.
Cuando se trate de acuerdos de Juntas Generales de sociedades anónimas no celebradas con el carácter de universales, la fecha de su adopción podrá acreditarse también mediante la correspondiente certificación acompañada del ejemplar de los diarios en que se hubiese publicado el anuncio de la convocatoria o testimonio notarial de los mismos.
Las inscripciones a que se refieren los apartados anteriores, se practicarán sin perjuicio de lo establecido en las disposiciones transitorias de la Ley 19/1989, de 25 de julio, y de la Ley de Sociedades Anónimas, según resulta del texto refundido aprobado por Real Decreto Legislativo de 22 de diciembre de 1989. No obstante, no serán inscribibles las cláusulas estatutarias o reglas de funcionamiento contenidas en la escritura que resulten contrarias

a las normas imperativas de la Ley 19/1989, de 25 de julio, y de la Ley de Sociedades Anónimas.

Disposición transitoria octava

Las sociedades anónimas que el 31 de diciembre de 1995 no hubieran presentado en el Registro Mercantil la escritura o escrituras en las que consten el acuerdo de aumentar el capital social hasta el mínimo legal, la suscripción total de las acciones emitidas y el desembolso de una cuarta parte, por lo menos, del valor de cada una de sus acciones, quedarán disueltas de pleno derecho, cancelando inmediatamente de oficio el Registrador los asientos correspondientes a la sociedad disuelta, sin perjuicio de la práctica de los asientos a que dé lugar la liquidación o la reactivación, en su caso, acordada. No obstante la cancelación, subsistirá la responsabilidad personal y solidaria de administradores, gerentes, directores generales y liquidadores por las deudas contraídas o que se contraigan en nombre de la sociedad.

Disposición transitoria novena

Las cuentas anuales correspondientes a aquellos ejercicios sociales cuya fecha de cierre sea anterior al 1 de julio de 1990 se presentarán para su depósito en el Registro Mercantil con la formulación y requisitos exigidos por la legislación anterior.

Disposición transitoria décima

A las sociedades y entidades constituidas con anterioridad a la entrada en vigor de la Ley 19/1989, de 25 de julio, que por imperativo de ésta deban inscribirse en el Registro Mercantil, se les abrirá hoja en el Registro correspondiente mediante un asiento de primera inscripción, que se practicará en virtud de solicitud del órgano que ostente la representación de la entidad, acompañada de los siguientes documentos:

1. Escritura pública de protocolización de los estatutos o reglas de funcionamiento vigentes.

2. Títulos de los que resulte el nombramiento de las personas que ocupen cargos en los órganos de gobierno de la entidad.

3. En su caso, certificación acreditativa de la inscripción de dichas sociedades y entidades en los correspondientes Registros especiales.

Disposición transitoria undécima

Los nombramientos de cargos por tiempo indefinido, realizados al amparo de la legislación anterior y que no estén admitidos por la Ley de Sociedades Anónimas, caducarán a los cinco años de la entrada en vigor del presente Reglamento, cancelándose, de oficio o a instancia de cualquier interesado, mediante la oportuna nota marginal. Queda a salvo la sanción prevista en el número 4 de la disposición transitoria cuarta de la citada Ley.

Disposición transitoria duodécima

Las escrituras de modificación de estatutos o reglas de funcionamiento de las sociedades que hayan de adaptarse a las disposiciones de la Ley 19/1989, de 25 de julio; a la Ley de Sociedades Anónimas y a la Ley 2/1995, de 23 de marzo, de Sociedades de Responsabilidad Limitada, podrán contener una refundición total de los mismos, en cuyo caso el Registrador extenderá la oportuna nota de referencia al margen de los asientos respectivos.

Disposición transitoria décimotercera

Los Libros de Buques y Aeronaves seguirán llevándose en los Registros a que se refiere el artículo 10 del Reglamento del Registro Mercantil aprobado por Decreto de 14 de diciembre de 1956, hasta la publicación del Reglamento del Registro de Bienes Muebles a que se refiere la disposición final segunda de la Ley 19/1989, de 25 de julio, a cuyo efecto continuarán transitoriamente vigentes los artículos 145 a 190 y concordantes del referido Reglamento del Registro Mercantil.

Disposición transitoria decimocuarta

Una vez abierta la hoja registral a las sociedades y entidades que no estuvieran obligadas a inscribirse conforme a la legislación anterior, el Registrador trasladará de oficio a ella la inscripción de las emisiones de obligaciones que hubiere practicado con anterioridad, extendiendo las notas de referencia que procedan.

Disposición transitoria decimoquinta

No se practicará ningún asiento en las hojas abiertas a las cooperativas, salvo que se trate de cooperativas de crédito inscritas al amparo de la Ley 13/1989, de 26 de mayo, de Cooperativas de Crédito.

Disposición transitoria decimosexta

Los datos registrales correspondientes a asientos de empresarios y sociedades inscritas con anterioridad al 1 de enero de 1990 contendrán las referencias correspondientes al libro, tomo, hoja y folio. Las hojas de las sociedades constituidas a partir del 1 de enero de 1990, así como las que se adapten a la Ley 19/1989, de 25 de julio, y a la Ley de Sociedades Anónimas se numerarán correlativamente a partir del número 1, precedido de la letra o letras que identifiquen la provincia o circunscripción territorial del Registro correspondiente.

Disposición transitoria decimoséptima

A instancia de cualquier interesado, la caducidad de denominaciones prevista en los artículos 416 y 417 de este Reglamento se aplicará respecto de los cambios de denominación y de las cancelaciones que hayan tenido lugar con anterioridad al 1 de enero de 1990, así como respecto de las sociedades constituidas en ese período que no hayan sido inscritas, transcurrido un año desde la fecha de su constitución.

Disposición transitoria decimoctava

1. Por la inscripción de los actos y contratos necesarios para adaptar las sociedades existentes a las exigencias de la Ley 19/1989, de 25 de julio, y de la Ley de Sociedades Anónimas, se percibirán los derechos que resulten de aplicar el Arancel de los Registradores Mercantiles reducidos en un 30 %.

2. Igual reducción se observará en relación a la inscripción en el Registro Mercantil de las sociedades y entidades ya existentes, que no estando obligadas a inscribirse conforme a la legislación anterior, resulten obligadas a ello en virtud de la citada Ley 19/1989, de 25 de julio.

Disposición transitoria decimomovena

Hasta tanto no sea aprobado el nuevo Arancel de los Registradores Mercantiles, serán de aplicación las siguientes normas:

1. Por las certificaciones del Registrador Mercantil Central relativas a las denominaciones de sociedades y otras entidades se devengarán los mismos derechos que los señalados por el artículo 104.8 de la Ley 37/1988, de 28 de diciembre, de Presupuestos Generales del Estado para 1989, en relación con las certificaciones del Registro General de Sociedades.

2. Por la publicidad formal relativa a cada sujeto inscrito del Registrador Mercantil Central se devengarán los derechos establecidos en el número 23 del Arancel de los Registradores Mercantiles para las certificaciones de asientos.

3. Por la legalización de los libros de los empresarios y el depósito de documentos contables y proyectos de fusión se devengarán por cada uno los derechos señalados en el número 25.c) del Arancel de los Registradores Mercantiles para el depósito de los documentos de tráfico de sociedades liquidadas.

4. Por el nombramiento y por la inscripción de expertos independientes y de auditores se devengarán los derechos señalados en el número 13.a) del Arancel de los Registradores Mercantiles para la inscripción del nombramiento de censores de cuentas.

5. En lo relativo al asiento de presentación, notas, buscas, diligencias de ratificación y demás operaciones registrales en relación a las nuevas funcio-

nes que se le encomiendan al Registrador Mercantil, serán de aplicación las reglas correlativas del Arancel de los Registradores Mercantiles.

Disposición transitoria vigésima

Hasta tanto no se aprueben los nuevos modelos de asientos del Registro Mercantil, seguirán vigentes, con las adaptaciones que requiera la nueva normativa, los aprobados por el Decreto de 14 de diciembre de 1956.

Disposición transitoria vigésima primera

Transcurrido el primer año de vigencia del presente Reglamento, cada Registrador Mercantil elaborará un informe acerca de los problemas suscitados por su aplicación, proponiendo las reformas que estime oportunas.

Los informes serán trasladados, en el plazo de tres meses, a la Junta Directiva del Colegio Nacional de Registradores de la Propiedad y Mercantiles de España, quien los refundirá en un informe único, que elevará a la Dirección General de los Registros y del Notariado en el mes siguiente. A la vista de dicho informe y, en general, de la experiencia habida hasta el momento, el Director general de los Registros y del Notariado confeccionará una memoria acerca de las reformas que resulte oportuno introducir en el Reglamento del Registro Mercantil, que elevará a la Ministra de Justicia.

Disposición final primera

Se autoriza a la Dirección General de los Registros y del Notariado para que apruebe los modelos e imparta las instrucciones a que hayan de ajustarse los Registradores para la redacción de los asientos.

Disposición final segunda

Se autoriza a la Ministra de Justicia para sustituir los libros de inscripciones por hojas registrales que contengan unidades independientes del archivo y se compongan de los folios necesarios para la práctica de los asientos.

Asimismo, se autoriza a la Ministra de Justicia para establecer el sistema de llevanza del Libro Diario por procedimientos informáticos.

Disposición final tercera

Se autoriza a la Ministra de Justicia para modificar el horario de apertura de los Registros Mercantiles establecido en el artículo 21 del presente Reglamento.

Disposición final cuarta

Se autoriza a la Ministra de Justicia para dictar las normas con arreglo a las cuales haya de fijarse la retribución de los expertos independientes y auditores nombrados por el Registrador Mercantil.

Disposición final quinta

Se autoriza a la Ministra de Justicia para dictar las normas sectoriales con arreglo a las cuales haya de procederse a la designación, por parte del Registrador Mercantil, de los expertos independientes.

Disposición final sexta

Se autoriza a la Ministra de Justicia para dictar las disposiciones que sean precisas para el desarrollo de este Reglamento.

Notas

Artículos 12 y 81:
Redactado de conformidad con la disposición adicional única del Real Decreto 1867/1998, de 4 de septiembre, por el que se modifican determinados artículos del Reglamento Hipotecario.

Sección V (art. 269 bis):

Sección y artículo introducidos por la disposición adicional única del Real Decreto 1867/1998, de 4 de septiembre, por el que se modifican determinados artículos del Reglamento Hipotecario.

Artículos 20 (apdo. 1), 104, 116 (apdo. 1), 161 (apdo.2), 163 (apdo. 1), 170 (apdo. 3) y 230:
Redacción según Real Decreto 659/2007, de 25 de mayo, por el que se modifica el Reglamento del Registro Mercantil aprobado por el Real Decreto 1784/1996, de 19 de julio, para su adaptación a las disposiciones de la Ley 19/2005, de 14 de noviembre, sobre la sociedad anónima europea domiciliada en España.

Artículos 20 (apdo. 4), 94 (apdo. 11 y 12), 114 (apdo. 3), 124 (apdo. 5), 131 bis, 160 bis, 224 bis, 226 bis, 309 bis, 379 (apdo. 5), y 403 (apdo. 2):
Añadido por Real Decreto 659/2007, de 25 de mayo, por el que se modifica el Reglamento del Registro Mercantil aprobado por el Real Decreto 1784/1996, de 19 de julio, para su adaptación a las disposiciones de la Ley 19/2005, de 14 de noviembre, sobre la sociedad anónima europea domiciliada en España.

Disposición adicional cuarta:
Redacción según Real Decreto 899/2007, de 6 de julio, por el que se aprueba el Reglamento de los incentivos regionales, de desarrollo de la Ley 50/1985, de 27 de diciembre.

Artículos 323, 383, 384, 386 (apdo. 5), 387 (apdo. 1.8), 412 (apdo. 1) y 414 (apdo. 1):
Redacción según Real Decreto 158/2008, de 8 de febrero, de reforma del Real Decreto 685/2005, de 10 de junio, sobre publicidad de resoluciones concursales y por el que se modifica el Reglamento del Registro Mercantil aprobado por Real Decreto 1784/1996, de 19 de julio, en materia de publicidad registral de las resoluciones concursales, y por el que se modifica el Reglamento del Registro Mercantil para la mejora de la información del registro mercantil central.

Artículo 324:
Sin contenido por Real Decreto 158/2008, de 8 de febrero, de reforma del Real Decreto 685/2005, de 10 de junio, sobre publicidad de resoluciones concursales y por el que se modifica el Reglamento del Registro Mercantil aprobado por Real Decreto 1784/1996, de 19 de julio, en materia de publicidad registral de las resoluciones concursales, y por el que se modifica el Reglamento del Registro Mercantil para la mejora de la información del registro mercantil central.

Artículos 388 (apdos. 1, puntos 24 y 25, y 3), 389 (último párrafo), 421 (último párrafo) y 422 (apdo. 3):
Añadido por Real Decreto 158/2008, de 8 de febrero, de reforma del Real Decreto 685/2005, de 10 de junio, sobre publicidad de resoluciones concursales y por el que se modifica el Reglamento del Registro Mercantil aprobado por Real Decreto 1784/1996, de 19 de julio, en materia de publicidad registral de las resoluciones concursales, y por el que se modifica el Reglamento del Registro Mercantil para la mejora de la información del registro mercantil central.

Artículo 12 y 81:
Texto resultante tras la publicación de la Sentencia de 24 de febrero de 2000, de la Sala Tercera del Tribunal Supremo, por la que se anulan algunos apartados de este reglamento.

Sección V (art. 269 bis):
Anulado por la sentencia de 24 de febrero de 2000, de la Sala Tercera del Tribunal Supremo.

Artículos 2 (letra d) y 61 bis:
Añadido por Real Decreto 685/2005, de 10 de junio, sobre publicidad de resoluciones concursales y por el que se modifica el Reglamento del Registro Mercantil, aprobado por el Real Decreto 1784/ 1996, de 19 de julio, en materia de publicidad registral de las resoluciones concursales.

Capítulo XIII del título II (rúbrica); Sección I del anterior capítulo XIII (arts. 320 al 325); Artículos 87 (apdo. 7), 94 (apdo. 1.9) y 270 (apdo. 11):
Redacción según Real Decreto 685/2005, de 10 de junio, sobre publicidad de resoluciones concursales y por el que se modifica el Reglamento del Registro Mercantil, aprobado por el Real Decreto 1784/ 1996, de 19 de julio, en materia de publicidad registral de las resoluciones concursales.

Artículos 114 (apdo. 2), 124 (apdo. 2.d), 175 (apdo. 2), 185 (apdo. 3.d), 186 (apdo. 5) y 187 (apdo. 1):
Redacción según Real Decreto 171/2007, de 9 de febrero, por el que se regula la publicidad de los protocolos familiares.

Artículo 188 (apdo. 5):
Añadido por Real Decreto 171/2007, de 9 de febrero, por el que se regula la publicidad de los protocolos familiares.

Artículo 16 (apdo. 1):
Redacción según Real Decreto 172/2007, de 9 de febrero, por el que se modifica la demarcación de los Registros de la Propiedad, Mercantiles y de Bienes Muebles.

Artículo 16 (apdo. 2.I y 4):

Añadido por Real Decreto 172/2007, de 9 de febrero, por el que se modifica la demarcación de los Registros de la Propiedad, Mercantiles y de Bienes Muebles.

Artículo 323 (apdo. 3):
Suspendida esta redacción, de forma cautelar, por Auto de 29 de noviembre de 2005, de la Sala Tercera del Tribunal Supremo. (BOE nº 37, de 13 de febrero de 2006).

Artículos 323 (apdos. 1, 2 y 3) y 324:
Anulado por Sentencia de 28 de marzo de 2007, de la Sala Tercera del Tribunal Supremo, por la que se anulan los arts. 323.1, 2 y 3 y 324 del Reglamento del Registro Mercantil en la redacción dada por el artículo 10 del Real Decreto 685/2005, de 10 de junio, sobre publicidad de resoluciones concursales, el artículo 4.1, en el particular relativo a la Sección Segunda del portal referido a liquidadores y apoderados inhabilitados, el artículo 9.1.b, último inciso desde las palabras y que hayan de publicarse en el portal hasta el final y el artículo 9.3, disposición adicional única, transitoria única y final segunda en cuanto se refieren al portal previsto en el art. 324 del Reglamento del Registro Mercantil. Publicada en el Boletín Oficial del Estado número 139, de 11 de junio de 2007.

www.ingramcontent.com/pod-product-compliance
Lightning Source LLC
LaVergne TN
LVHW100130051026
849525LV00004B/1343
* 9 7 8 8 4 1 1 2 6 4 9 2 1 *